地理信息技术实训系列教程

数字高程模型实验教程

李发源　汤国安　晏实江　祝士杰　编著

地理科学国家级实验教学示范中心建设项目
地理信息系统国家级教学团队建设项目

科学出版社
北京

内 容 简 介

DEM是地理数据库中的核心数据，是进行地形分析的基础，被广泛应用于测绘、遥感、资源、环境、城市规划、农林、灾害、水电工程及军事等领域。

本书作为“数字高程模型”课程的配套实验教材，紧扣课程教学大纲，以实验为核心组织内容，设计了多个专题实验和综合实验，其中专题实验又包括基础实验和自主实验两部分。各部分的实验由浅及深，具有一定的层次性，便于教师组织教学。

本书可作为高等院校地理、地质、海洋、气象、测绘、环保等专业本科生和研究生的教材，也可供其他相关学科的各类专业技术者阅读参考。

图书在版编目（CIP）数据

数字高程模型实验教程/李发源等编著. —北京：科学出版社，2013.3
地理信息技术实训系列教程

ISBN 978-7-03-036905-5

Ⅰ.①数… Ⅱ.①李… Ⅲ.①数字高程模型-高等学校-教材 Ⅳ.①P231.5

中国版本图书馆CIP数据核字（2013）第041493号

责任编辑：杨 红/责任校对：郑金红
责任印制：赵 博/封面设计：迷底书装

科学出版社出版
北京东黄城根北街16号
邮政编码：100717
http://www.sciencep.com
北京厚诚则铭印刷科技有限公司印刷
科学出版社发行 各地新华书店经销
*
2013年3月第 一 版 开本：720×1000 B5
2025年1月第七次印刷 印张：8 1/2
字数：160 000

定价：39.00元

前　言

数字高程模型（Digital Elevation Model，DEM）的概念于1958年由Miller提出，经过40多年的发展，DEM的诸多基础理论问题都得到了深入研究，DEM以及基于DEM数字地形分析的理论与技术方法体系正在形成。作为地理信息系统地理数据库中最为重要的空间信息资料和赖以进行地形分析的核心数据系统，国家测绘部门将其作为国家空间数据基础设施（NSDI）建设的重要内容之一。随着全国多尺度DEM的相继建立，其正在科学研究、生产与国防建设中发挥越来越重要的作用。在理论研究方面，DEM的不确定性、DEM的尺度效应、DEM的地学分析、基于DEM的数据挖掘都取得了很大的突破。在应用方面，也从一般的地形因子提取，支持三维漫游等简单应用向更多样的形式、更广泛的领域发展。可以说，在很多应用者看来，DEM所代表的已经不仅仅是一般的记录海拔高程的空间数据，还包括一种空间分析的思路、一种地学处理的方法。

近年来，高等院校有关专业，特别是自然地理学、地图学与地理信息系统、地图制图与地理信息工程、摄影测量与遥感、大地测量学与测量工程等专业都纷纷将数字高程模型作为本科生、研究生的必修或选修课。由汤国安等编著的《数字高程模型教程》在各高校得到广泛应用，但配套的实验教材还未见出版。

本书作为“数字高程模型”课程的配套实验教材，紧扣课程教学大纲，设计了DEM数据采集、DEM建模、基本地形因子提取、水文分析、地形特征要素提取、DEM可视化六组专题实验和太阳辐射模拟、城市日照模拟、填挖方分析、洪水淹没分析、梯田DEM构建、道路统计分析六个综合实验。其中专题实验又包括基础实验和自主实验两部分，基础实验由学生在教师的指导下完成，属于原理验证类实验；自主实验是理论的拓展及延伸，由教师提出主要实验思路，学生在课后独立完成，属于能力拓展类实验。综合实验要求学生能综合运用多种空间分析方法解决实际地学问题，既是理论的提升，也是学生能力的拓展实验。三种类型的实验有一定的相关关系及递进关系，由浅及深，在教学过程中可配合展开。

本书的研究工作得到国家自然科学基金项目（40930531、40801148、41171299）的资助。

DEM理论及应用研究的发展非常迅速，本书虽力求全面并紧跟其发展趋势，但由于作者水平和时间有限，书中难免存在疏漏之处，恳请读者批评指正。

作　者

2013年1月

目　录

概　　述

0.1 引　　言

数字高程模型是地形曲面的数字化表达，它通过有限的地形高程数据实现对地形曲面的数字化模拟或者说是地形表面形态的数字化表示，英文为 Digital Elevation Model，简称 DEM。数字高程模型的概念于 1958 年由 Miller 提出，经过 40 多年的发展，DEM 的诸多基础理论问题都得到了深入的研究，DEM 以及基于 DEM 数字地形分析的理论与技术方法体系正在形成。作为地理信息系统地理数据库中最为重要的空间信息资料和赖以进行地形分析的核心数据系统，国家测绘部门将其作为国家空间数据基础设施（NSDI）建设的重要内容之一。随着全国多尺度 DEM 的相继建立，其正在科学研究、生产与国防建设中发挥着越来越重要的作用。在理论研究方面，DEM 的不确定性、DEM 的尺度效应、DEM 的地学分析、基于 DEM 的数据挖掘都取得了很大的突破。在应用方面，也从一般的地形因子提取、支持三维漫游等简单应用向更多样的形式、更广泛的领域发展。可以说，在很多应用者看来，DEM 所代表的已经不仅仅是一般的记录海拔高程的空间数据，还包括一种空间分析的思路、一种地学处理的方法。

近年来，高等院校有关专业，特别是自然地理学、地图学与地理信息系统、地图制图与地理信息工程、摄影测量与遥感、大地测量学与测量工程等专业都纷纷将数字高程模型作为本科生、研究生的必修或选修课。但是，目前还没有一本专门针对 DEM 实验教学的教材。虽然已有的 GIS 实验教材，如汤国安等编著的《ArcGIS 地理信息系统空间分析实验教程》和《ArcView 地理信息系统空间分析方法》、党安荣等编写的《ArcGIS 8 Desktop 地理信息系统应用指南》、刘良明主编的《ArcView 基础教程》、宋小冬等编写的《地理信息系统实习教程》等都有关于 DEM 地形分析的相关实验，但都相对较为零散，不具系统性，要作为“数字高程模型”课程的配套实验教材仍显不足。因此，迫切需要一本在内容上既强调理论与实际相结合，又融合最新的研究成果；在方法上既注重学生基本能力，又强化创新思维能力培养的实验教材。

0.2 DEM 实验的基本特征及其在本课程中的作用

DEM 实验具有综合性、数据多元性、突出空间分析方法、可视化等特点，抓住这些特点，有助于DEM实验的设计与教学的开展。

1. 综合性

前已述及，DEM所代表的已经不仅仅是一般的记录海拔高程的空间数据，还包括一种空间分析的思路、一种地学处理的方法。DEM地形分析的诸多内容都融合了地理学、计算机科学与技术、测绘科学与技术、遥感科学与技术、空间科学与技术等学科的理论与技术，是一类综合的分析方法。因此，DEM课程实验也具有一定程度的综合性，同时也要求学生具有多学科的背景知识，才能更好地理解并运用DEM地形分析的理论与方法解决相应的地学问题。

2. 数据多元性

DEM实验的数据已不仅仅是DEM数据本身，遥感影像、土地利用、DLG数据也常常用于一些综合的地学分析，在实验数据方面具有多元性。多元性主要体现在以下几个方面。

（1）多时空性。数据源既有同一时间不同空间的数据系列；也有同一空间不同时间序列的数据。

（2）多尺度性。根据实验需要而采用不同尺度对地理空间进行表达，不同的观察尺度具有不同的比例尺和不同的精度。

DEM实验要求学生能够理解数据的多元性，掌握不同数据的结构，应该清楚实验对空间数据要求的特殊性和严格性，熟练掌握各种数据的处理方式，知道如何采集、管理应用、转换、传输相应数据。

3. 突出空间分析方法

空间分析是GIS最核心的功能，DEM实验几乎涉及了GIS空间分析的所有功能。对GIS空间分析的理解有不同的角度和层次。按处理的空间数据结构类型来看，可分为栅格数据分析及矢量数据分析；按分析对象的维数来看，包括一维、二维、三维及多维分析；按分析的复杂程度可分为空间查询分析、空间信息提取、空间综合分析、数据挖掘与知识发现、模型构建等。DEM实验的设计要围绕空间分析这个核心展开，突出各种空间分析方法的实验，充分发掘学生的空间思维能力，培养学生运用多种空间分析方法，并借助模型求解来解决实际地学问题的能力。

4. 可视化

DEM实验可以实现数据输入、处理、计算过程、结果等一系列过程的可视化，提供基于空间坐标的图形可视化功能。可视化技术使人能够在三维图形世界中直接对具有形体的信息进行操作，和计算机直接交流。DEM 实验的可视化特性使学生能够更加直观地了解实验内容，加深对地形分析的理解。

0.3 全书框架结构

本书作为《数字高程模型》课程的配套实验教材，紧扣课程教学大纲，设计了 DEM 数据采集、DEM 建模、基本地形因子提取、水文分析、地形特征要素提取、DEM 可视化六组专题实验和太阳辐射模拟、城市日照模拟、填挖方分析、洪水淹没分析、梯田 DEM 构建、道路统计分析六个综合实验。其中专题实验又包括基础实验和自主实验两部分，基础实验由学生在教师的指导下完成，属于原理验证类实验；自主实验是理论的拓展及延伸，教师提出主要实验思路，由学生在课后独立完成，属于能力拓展类实验。综合实验要求学生能综合运用多种空间分析方法解决实际地学问题，既是理论的提升，也是学生能力的拓展实验。三种类型的实验有一定的相关关系及递进关系，由浅及深，在教学过程中可配合展开。

1 实验一 DEM 数据采集

实验目的： 了解基于不同数据源的 DEM 数据采集过程

实验要求： 练习基于等高线的数据采集方法，掌握地图预处理、地图数字化及后处理的相关方法

实验数据： 1∶1 万地形图（局部）

1.1 基础实验：基于等高线的数据采集

等高线是地形图的基本要素之一，地形图主要通过等高线来表达地物高度和地形起伏。已有地形图数据由于覆盖范围广、比例尺系列齐全、获取较为经济等而成为各种尺度 DEM 建立的主要数据源。

由地形图到等高线的第一个步骤即是地形图的数字化。在数字化之前必须设计好数字化所采用的技术路线，它不仅直接关系到地图数字化的效率，而且也关系到数字化成果的质量。确定数字化的技术路线包括采取何种方式进行数字化，数字化精度要求如何，选取什么样的地图作为数字化底图，对哪些要素进行数字化，如何对数字化要素进行分层和分幅，以及代码的设计等。

本实验采用的数字化软件包括 Photoshop、GeoScan、ArcGIS 和 ArcInfo；数字化底图为一幅 1∶1 万地形图的一部分，地形图等高距为 5m。

图幅控制点坐标：图幅控制点坐标是用来进行图幅定向的，它能够确定地图的地理位置和比例大小。本实验的控制点坐标见表 1-1。

表 1-1 图幅控制点坐标表

项目	北坐标	东坐标
左上	3857154	544744
右上	3857154	545108
右下	3856916	545108
左下	3856916	544744

地图的分层与分幅：GIS 是以图层的方式管理地图的，将点、线、面等地理实体按其性质的不同分别归入不同的图层进行分层管理是 GIS 管理空间数据的基本方式。本实验的分层及代码见表 1-2。

表 1-2 地理要素分层及代码表

项目	层名	包括的要素	代码
等高线层	terlk	计曲线	201
		首曲线	202
		高程点	103
线状水系层	wtlpt	线状表示的河流	301
面状水系层	wtlnt	面状表示的河流（封闭）	302
		湖泊（封闭）	303

具体实验步骤如下。

1. 地图预处理

1）变形纠正

纸质地图常常会有少许变形；扫描过程中由于图形倾斜，造成扫描后的地图产生变形，因此在数字化前，需要对地图进行纠正。如果存在几何变形，可利用ERDAS的几何校正模块进行纠正；如果是扫描过程造成的图像倾斜，则可在Photoshop下进行纠正。首先，利用【标尺】沿着图幅边缘画一条横线（图1-1），然后选择【图像】菜单中的【旋转画布】下的【任意角度】，在弹出的对话框中会自动计算要旋转的角度，点击【好】完成图像校正（图1-2）。

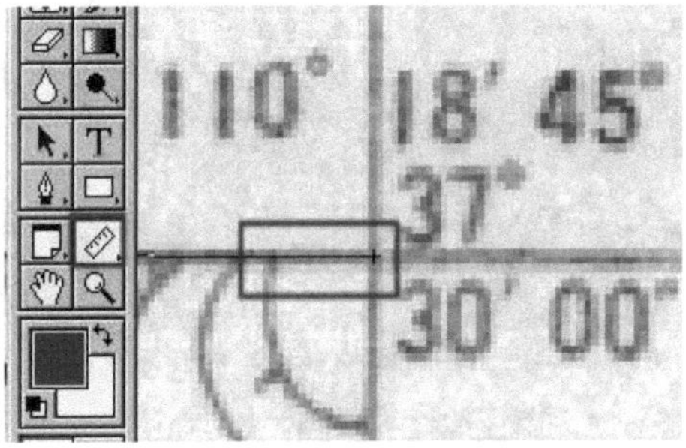

图 1-1 标尺的运用

2）二值化

不少数字化软件接受的数据为二值化的数据，因为二值化后的数据量减小很多，在很大程度上提高了图形的显示跟踪速度。二值化处理也是在Photoshop下处理。选择【图像】菜单中的【调整】下的【阈值】，移动小三角直到图像满意为止（图1-3）。处理完后将图像保存为TIF格式。

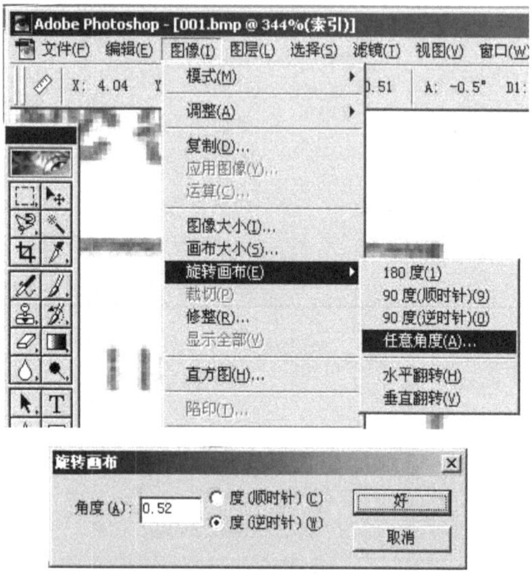

图 1-2　画布旋转示意图

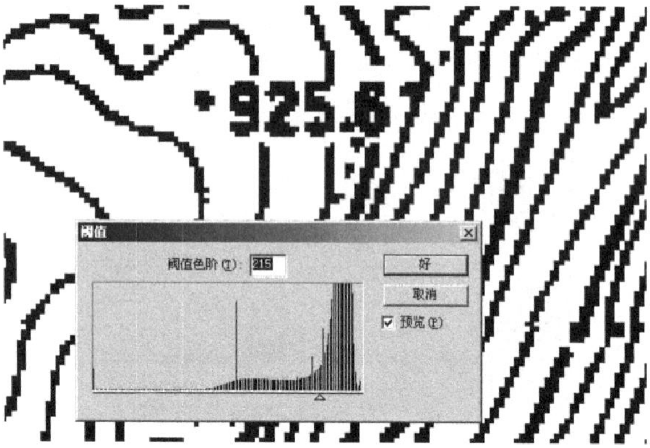

图 1-3　二值化处理示意图

2. 数字化采集

（1）打开 GeoScan，调入地图，在【调图】中选择【调入栅格图像】，在弹出的对话框的【文件类型】中选择 TIF，找到存放地图的位置，将图打开。选择【实用工具】中的【图像反色】。

（2）地图定向：在【地图】中选择【图形定向】，在弹出的对话框中选择【齐次方程定向（至少四点）】，点击【OK】。将鼠标移至左上方点在角点上，在弹出的放大图上精确定位，并输入坐标，点击【接受量测】。其他控制点按顺时针方向以此类推，并回到第一个点，把第一个点再做一遍，之后，选择【结束量测】（图 1-4）。

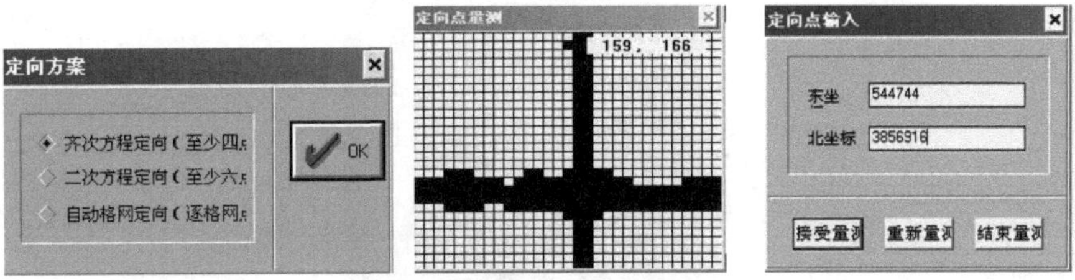

图 1-4 图幅定向操作

（3）创建图层：在【设置】中选择【图层控制】，在这里分别创建表 1-2 所示的图层，并以不同的颜色区分开来，先设置等高线层 terlk 为当前图层（图 1-5）。

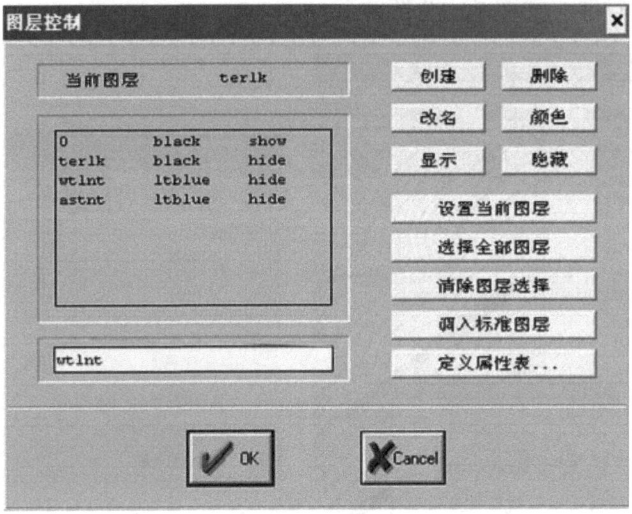

图 1-5 GeoScan 中创建图层

（4）数字化跟踪：选择 GeoScan 的数字化工具，其中按钮  有半自动跟踪功能，选择 1 表示自动跟踪，选择 3 表示手动跟踪。

（5）属性赋值：赋值按钮  有查询属性和赋值的双向功能。点击要赋值的对象，在弹出的对话框中，输入高程值和代码（图 1-6）。

图 1-6　属性录入

（6）成果输出：数字化完成之后首先要存盘，选择【调图】中的【保存矢量图形】。然后将成果输出，选择【调图】中的【输出外部格式】，并选择【输出到AutoCAD】，在弹出的对话框中，选择默认值（图 1-7）。这时，在文件目录中会多一个与地图名称一样的 dxf 文件。

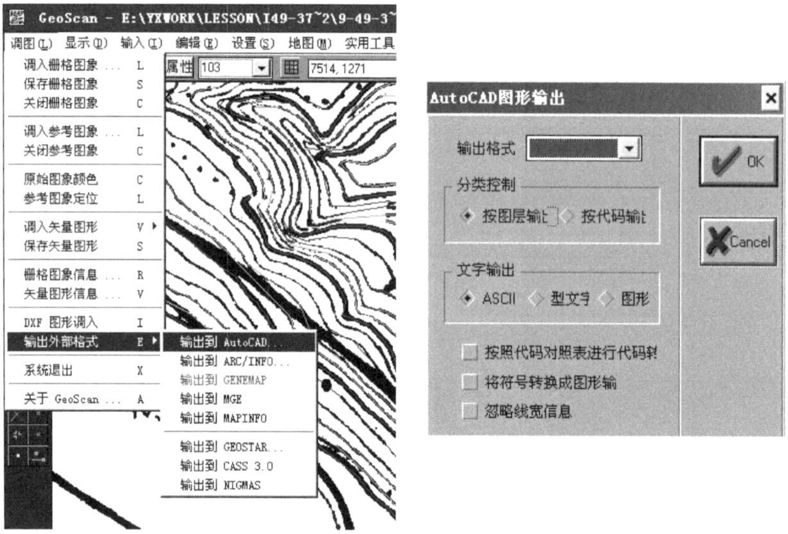

图 1-7　数据转出

3. 数据后处理

数字化完的数据都不可避免地存在着错误或误差，属性数据在输入时，也难免会存在错误，因此对图形数据和属性数据进行检查、编辑和处理，是保证数据正确可用的必要条件。本实验的数据处理在 ArcInfo 中进行。

下面以等高线层为例，将主要步骤罗列如下，其他层的处理类似。

首先将 dxf 文件转入 ArcInfo 中，形成 coverage 文件。打开 ArcInfo，首先进入工作空间，然后进行文件转换。命令如下：

Arc：w E：\ gis \ zhm "进入工作空间"

Arc：dxfarc1. dxf terlk "dxf 转 coverage，1. dxf 为 dxf 文件名，terlk 为等高线的层名"

Enter layer names and options (type END or $REST when done)

Enter the 1st layer and options ：terlk all "将等高线层中的所有内容都包括进来"

Enter the 2nd layer and options ：end

Do you wish to use the above layers and options (Y/N)? y

Processing E：\ GIS \ ZHXM \ 1. DXF ...

Externalling BND and TIC...

452 Arcs written.

288 Labels written.

0 Annotations written.

0 Annotation levels.

Arc：build terlk line "创建线的拓扑关系"

Building lines...

Arc：build terlk point "创建点的拓扑关系"

Building points...

Arc：joinitem terlk. pat terlk. xcode terlk. pat terlk-id terlk-id "将原始文件中记录点属性的字段与 ArcInfo 中记录点属性的 PAT 表连接"

Joining terlk. pat and terlk. xcode to create terlk. pat

Arc：joinitem terlk. aat terlk. acode terlk. aat terlk-id terlk-id "将原始文件中记录线属性的字段与 ArcInfo 中记录线属性的 AAT 表连接"

Joining terlk. aat and terlk. acode to create terlk. aat

Arc：additem terlk. pat terlk. pat elev 8 8 n 2 "给 PAT 表增加高程字段(elev)，并定义字段长度和类型"

Adding elev to terlk. pat to produce terlk. pat

Arc：additem terlk. pat terlk. pat code 3 3 I "给 PAT 表增加代码字段(code)，并定义字段长度和类型"

Adding code to terlk. pat to produce terlk. pat

Arc：additem terlk. aat terlk. aat elev 8 8 n 2 "给 AAT 表增加高程字段

(elev)，并定义字段长度和类型”

Adding elev to terlk. aat to produce terlk. aat

Arc：additem terlk. aat terlk. aat code 3 3 I “给 AAT 表增加代码字段(code)，并定义字段长度和类型”

Adding code to terlk. aat to produce terlk. aat

Arc：tables “进入表模块”

TABLES Version 8. 0. 2 (Tue Feb 22 08：01：14 PST 2000)

Tables：sel terlk. pat “选择 terlk 层的点表”

288 Records Selected.

Tables：calculate elev = dxf-elevation “将 dxf-elevation 字段中的高程值赋给 elev 字段”

Tables：calculate code = dxf-thickness “将 dxf-thickness 字段中的代码值赋给 code 字段”

Tables：sel terlk. aat “选择 terlk 层的线表”

452 Records Selected.

Tables：calculate elev = dxf-elevation “同上”

Tables：calculate code = dxf-thickness “同上”

Tables：q “退出表模块”

Leaving TABLES...

Arc：dropitem terlk. pat terlk. pat dxf-layer dxf-color dxf-thickness dxf-type “删除 terlk 层 PAT 表中的多余字段，如 dxf-layer，dxf-color，dxf-thickness，dxf-type 等”

Dropping items from terlk. pat to create terlk. pat

Arc：dropitem terlk. pat terlk. pat dxf-elevation dxf-handle dxf-angle dxf-size “同上”

Dropping items from terlk. pat to create terlk. pat

Arc：dropitem terlk. pat terlk. pat dxf-text dxf-attrib dxf-iid “同上”

Dropping items from terlk. pat to create terlk. pat

Arc：dropitem terlk. aat terlk. aat dxf-layer dxf-color dxf-thickness dxf-type “删除 terlk 层 AAT 表中的多余字段，如 dxf-layer，dxf-color，dxf-thickness，dxf-type 等”

Dropping items from terlk. aat to create terlk. aat

Arc：dropitem terlk. aat terlk. aat dxf-elevation dxf-handle dxf-curve “同上”

Dropping items from terlk. aat to create terlk. aat

Arc：build terlk line

Building lines...

Arc：build terlk point

Building points...

此时，可以显示一下 terlk 层的点表和线表，看一看表的结构和内容及拓扑关系。

Arc：list terlk. pat　　　　“显示点表（PAT）的信息”（图 1-8）

```
Arc: list terlk.pat
Record              AREA           PERIMETER TERLK# TERLK-ID      ELEV CODE
     1          0.00000             0.00000      1        1    1093.30    0
     2          0.00000             0.00000      2        2    1089.20    0
     3          0.00000             0.00000      3        3    1091.10    0
     4          0.00000             0.00000      4        4    1093.00    0
     5          0.00000             0.00000      5        5    1092.80    0
     6          0.00000             0.00000      6        6    1096.30    0
     7          0.00000             0.00000      7        7    1097.10    0
     8          0.00000             0.00000      8        8    1095.20    0
```

图 1-8　ArcInfo 中属性表的显示

Arc：list terlk. aat　　　　“显示线表（AAT）的信息”（图 1-9）

```
Arc: list terlk.aat
             1
FNODE#                     =     0
TNODE#                     =     0
LPOLY#                     =     0
RPOLY#                     =     0
LENGTH                     =           110.81945
TERLK#                     =     1
TERLK-ID                   =     1
ELEV                       =  1000.00
CODE                       = 201
             2
FNODE#                     =     0
TNODE#                     =     0
LPOLY#                     =     0
RPOLY#                     =     0
LENGTH                     =          1003.95642
TERLK#                     =     2
TERLK-ID                   =     2
ELEV                       =  1025.00
CODE                       = 201
```

图 1-9　ArcInfo 中属性表的显示

可以看到线表中有 LPOLY＃（左多边形）、RPOLY＃（右多边形）、FNODE＃（起始节点）、TNODE＃（终节点）等字段，说明已经建立了拓扑关系。在这里，由于等高线是互不相交的线，所以它们的值都等于 0。

消除悬挂：

Arc：ae　　　　　　“打开 Arcedit 模块”

Copyright (C) 1982-2000 Environmental Systems Research Institute, Inc.

All rights reserved.

Arcedit (COGO) Version 8.0.2 (Tue Feb 22 08:01:14 PST 2000)

Arcedit: disp 9999　　“全屏幕显示”

WARNING the Map extent is not defined

Arcedit: ec terlk　　“编辑 terlk 图层”

The edit coverage is now E:\GIS\ZHXM\TERLK

Defaulting the map extent to the BND of E:\GIS\ZHXM\TERLK

Arcedit: de all　　“显示图层中的所有要素”

Arcedit: draw　　“显示”

图 1-10 为 ArcInfo 中对等高线层的显示。

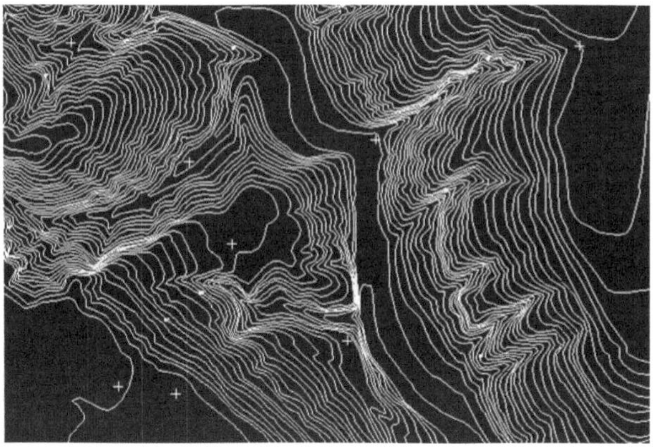

图 1-10　ArcInfo 中图形的显示

Arcedit: de node dan　　“设置悬挂显示，小方框表示有悬挂的地方”(图 1-11)

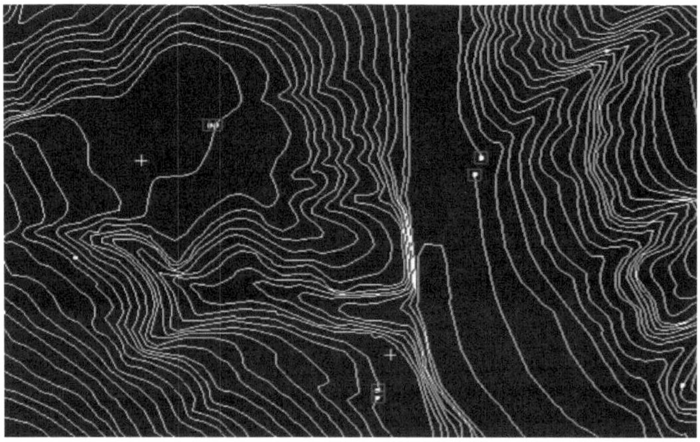

图 1-11　ArcInfo 中悬挂的显示

Arcedit：nodec dan 2

Arcedit：draw

Arcedit：nodesnap closest *　　“设置捕捉距离，在屏幕上画一个圆范围”

Define the tolerance circle

Enter the center

Enter the edge

Arcedit：ef Arc　　“设置编辑对象为线状要素”

455 element(s) for edit feature Arc

Coverage has no COGO attributes

0 element(s) now selected

Arcedit：sel；v move　“选中需要移动的线，点击产生悬挂的端点，出现小三角后，选择 4，再移动到另一端点，选择 9 退出”

Point to the feature to select

Enter point

Arc 458 User-ID：265 with 167 points

1 element(s) now selected

Point at vertex to move <9 to Quit>

Enter point

Vertex 167 Arc 462 (544999.424，3857057.120) selected

1 = Select　　2 = Next　　3 = Who

4 = Move　　9 = Quit

Enter point

Point to where to move it (9 to Stop)

Enter point

Vertex (544999.424，3857057.120) moved to (545004.697，3857068.985) within Arc 462 User-ID：265

Point at vertex to move <9 to Quit>

Enter point

“其他悬挂点同上”

Arcedit：save　　“存盘”

消除相交：

Arcedit：de arc intersect　“显示相交”(图 1-12)

Arcedit：draw

消除方法同上，移动相交的线的节点即可。

Arcedit：save　“存盘”

Leaving Arcedit...

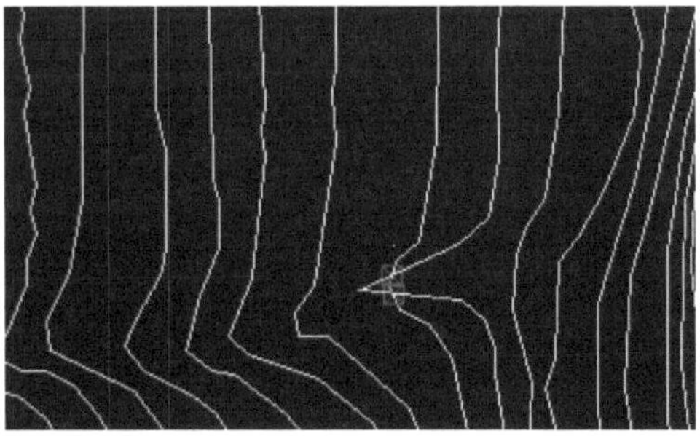

图 1-12　ArcInfo 中线相交的显示

属性检查：

Arcedit：ef Arc

455 element(s) for edit feature Arc

Coverage has no COGO attributes

Arcedit：sel elev = 0　“选择高程值为 0 的线”

4 element(s) now selected

Arcedit：ds　“在屏幕中显示选中的线”，屏幕中用黄颜色显示的即为选中的线（图 1-13 中用粗体显示的线）

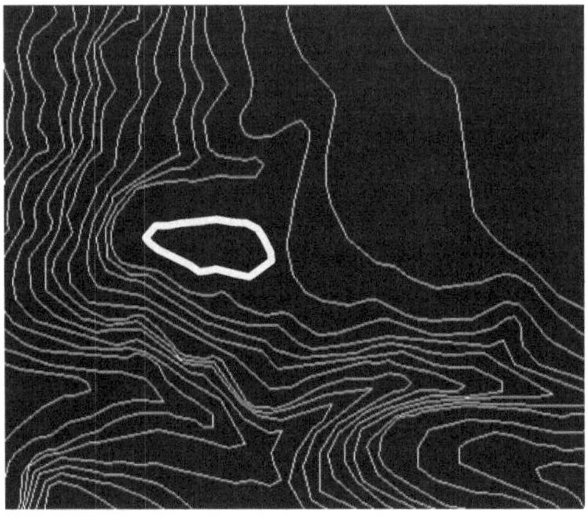

图 1-13　ArcInfo 中查寻的显示

Arcedit：sel；list　“选中这根线，并显示其属性”

Point to the feature to select

Enter point

Arc 282 User-ID：222 with 16 points

1 element(s) now selected

282

FNODE＃	＝0
TNODE＃	＝0
LPOLY＃	＝0
RPOLY＃	＝0
LENGTH	＝107.62941
TERLK＃	＝282
TERLK-ID	＝222
ELEV	＝0.00
CODE	＝202

Arcedit：cal elev ＝ 960 “给高程赋值为 960”

Arcedit：sel code ＝ 0 “检查代码是否为零，若有的话，赋值方法同上”

Arcedit：ef lab “编辑点状要素”

Arcedit：sel code ＝ 0 “检查代码是否为零”

288 element(s) now selected “以下赋值方法同上”

Arcedit：sel；list

Arcedit：cal code ＝ 103

Arcedit：sel elev ＝ 0

0 element (s) now selected

当所有的错误都改完后，就可以存盘并退出 Arcedit 模块

Arcedit：save

Arcedit：q

创建拓扑：由于对点线做过移动、删减与增添，原先建立的拓扑关系遭到破坏，须重新建立拓扑关系。

Arc：build terlk line

Building lines...

Arc：build terlk point

Building points...

通过以上步骤，完成了等高线数字化，所得到的矢量图层即可用于建立数字高程模型。如何建立，详见实验二。

1.2 自主实验1：基于遥感影像的数据采集

自主实验的数据采集及建立方法需要基于其他软件平台，如EARDAS、ENVI、TerraSolid等完成，感兴趣的同学可在课外练习时参考。

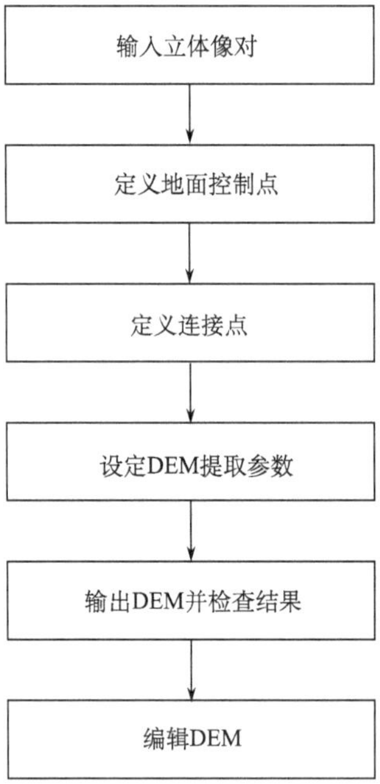

图1-14 立体像对提取DEM的基本流程

航空影像的更新速度快，一直是地形图测绘和更新最有效也是最主要的手段。利用该数据源，可以快速获取或更新大面积的DEM数据，从而满足应用对数据现势性的要求。通过航空影像获取DEM是基于立体像对进行的，立体像对是指从不同角度进行拍摄，获得的具有重叠区域的两张同一地区的遥感影像。基于立体像对获取DEM的原理简易阐述是：在天空两点（P1和P2）拍摄地面同一点A时形成∠P1AP2夹角，当P1和P2空间位置确定后，该角度越大地物点越高，反之，角度越小地物点越低，将地面所有点的高程解算后就得到了数字地面模型（图1-14）。

其中，定义地面控制点的作用是为了保证DEM的横向精度和生成绝对高程。如果该项选择不定义地面控制点，则最终生成的DEM的高程是相对高程。通过大量的实验和测试，把横向精度控制在1～2个像元，完全能够满足绝大多数用户的精度要求。

定义连接点是提取DEM的重要步骤，是保证DEM高程精度的关键。可以通过影像自带的5PC星历文件来选取连接点，也可以手动选取左右影像的连接点。通过精确的连接点选择，可以控制点DEM的高程精度在2个像元左右，DEM垂直精度能达到1米。

设定DEM提取参数也是一个比较重要的步骤，一个好的参数设置不仅可以提高获取DEM的精度，还可以大大提高程序运算的速度。由于需要设置的参数较多，所以不同的卫星数据源的参数设置也不尽相同（表1-3）。

表 1-3 DEM 提取参数及功能

参数	功能
Minimum Correlation	取值 0～1，为相关系数临界值，常用于决定图上两点是否匹配。如果任意两点相关系数小于该值，则不考虑匹配；该值设置较大，精度会提高，但符合条件点会相应减少；通常设置该值为 0.65～0.85，缺省值为 0.7
Background Value	背景色灰度值，缺省值为－999.00
Edge Trimming	取值 0～0.6，用于修正 DEM 边界
Moving Window Size	匹配影像所使用的模板，值越大，计算所需时间越多
Terrain Relief	设置地形特征，Low 为平原区，Moderater 为缺省值，适用于大多数地形，High 为高原山地
Terrain Detail	地形细节，是主要的控制因子，控制着程序运行时间和 DEM 的精度；值越大，费时越多，DEM 保留细节越多
Output Data Type	输出 DEM 值的类型
Output Resul to	输出结果或内存
Output DEM Filename	输出路径

1.3 自主实验 2：基于 LiDAR 的数据采集

激光雷达技术（Light Detection And Ranging，LiDAR）是现代对地观测的最新技术之一，通过位置、距离、角度等观测数据直接获取对象表面点三维坐标，对地面的探测能力有着强大的优势，具有空间与实践分辨率高、动态探测范围大、能够部分穿越树林遮挡、直接获取真实地表的高精度三维信息等特点，是快速获取高精度地形信息的全新手段。基于 LiDAR 系统所获取的点云数据，通过过滤处理将区域地形特征信息与地物信息相分离，最终生成高精度的 DEM。

目前最常用的 LiDAR 数据处理软件是由芬兰 TerraSolid 公司开发的 TerraSolid 系列软件。它包括 TerraMatch、TerraScan、TerraModeler、TerraPhoto、TerraSurvey、TerraPhoto Viewer、TerraScan Viewer、TerraPipe、TerraSlave 和 TerraPipeNet 等模块。利用点云数据制作 DEM 主要使用 TerraScan 和 TerraModeler 模块。TerraScan 模块功能包括以 xyz 文本或类似于 LAS 和 TerraScan 的二进制文本读入原始的激光点云数据、三维方式浏览数据、自定义点类别、激光点自动手动分类、交互式判别三维目标（如铁塔）、数字化地物、探测电力线、矢量化房屋、生成激光点的截面图和输出点分类。TerraModeler 模块功能包括编辑任意独立点；在围栏里移动、升降、推平所有点；构建断裂线，在模型中添加元素；把模型作为辅助设计的数据参照；把元素降到模型表面，使元素贴近地表面；建立三维剖面图；创建等高线图；创建规则方格网图；创建坡向图；创建彩色渲染图；计算两个面之间的体积。

TerraSolid 为了更好地管理数据，把原始数据及产生的过程和成果数据分门别类按以下规定设置目录（表 1-4）。

表 1-4　TerraSolid 的数据管理目录

目录名	含义
Contours	与等高线制作有关的数据
Dgn	种子文件
Images	原始数码影像
Laser	TerraScan TerraMatch 工程文件，处理后的分块数据成果
Laserraw	原始点云数据
Macro	批处理命令
Mission	TerraPhoto 工程文件，摄影机参数
Navdata	拍摄时间文件
Temp	临时文件

定义点类：定义分类要素为地面点、非地面点，定义分类要素点的种类、代码和显示颜色。每一类用唯一的颜色表示，不要与其他类相同。

在 TerraScan 中将植被分为 Low Vegetation、Medium Vegetation 和 High Vegetation，其中 Low Vegetation 在 0.5～2m，Medium Vegetation 在 2～5m，High Vegetation>5m。在分离植被点时，以从地面起的高度为准，先从地面以上的点中分离出低植被点，然后从余下的点中分离出中等高度植被点，最后分离出高植被点。高植被中包含有建筑物点，因此从高植被中分离出建筑物点。

建立工程：

（1）定义一个工程文件 *. prj 保存在 Laser 目录下；

（2）定义数据块的范围和块名，目的是把大数据分成许多小块，方便处理和显示；

（3）选择定义的块和块名，添加到工程中；

（4）保存定义好的工程文件。

把点云导入工程：把提供的航线点云数据转换为按块存储，目录为 Laser，文件名为 *. Las，然后导入新建的工程中。

低点分类：低点分类是把较低的点从与其相邻的点中分离出来。这一算法用于将明显低于地面的粗差点或点群从地面点中分离出来。Low Points 程序比较每个点与周围给定XY距离内的点的高程，如果其高程明显低于邻近点，则将其标记出来。同样，少许的点群也可用此程序分出，只需选用Groups of Points并指定点群最大点数，小于此值的点群就会被滤出。通常用于比较点或点群与邻近点高差的最小值为0.3～1.0 m，用于搜索邻近点之间的距离为2.0～8.0 m。

空中点分类：空中点分类是把较高的点从与其相邻的点中分离出来。Air Points程序可将空中的离散点分离出来。

地面点分类：地面点分类算法是迭代地建立地面模型的三角网，即通过反复建立地表三角网模型的方式分离出地表上的点，算法通过反复加入新的激光点开始扩建模型，每个加入的点都使模型更加贴近地表，最终得到一个近似的地表面。

地面点分类的具体方式如下：

(1) 选择激光打在地面上的少许局部低点，这些点之间的距离不能小于该区域最大的房屋长度（max building size），以防选中建筑物上的点。指定其为默认的60 m，则程序假定每个60 m＊ 60 m的区域内，都至少有一个地面点，且其中最低的点一定是地面点。

(2) 基于以上低点建立一个初步的三角网，程序认为该三角网位于地面的底层，且只有最高的顶点才接近于真正的地面。程序不断将位于该网上方的新的点加入三角网内构成新模型，这样迭代下去，新加入的点使得三角网越来越贴近地表面。

手工精确分类：点云分类依靠程序自动处理产生的错误，只能进行人工修改，即手工分类。手工分类包含了检查和处理两个方面。

(1) 用自动分类的结果制作晕渲图；

(2) 检查晕渲图，是否有非常突出的点，若没有，整个图过渡比较平滑，表示分类较好；若有，则说明有个别点不是地面点。将晕渲图与数据叠加，找到突变的地方，检查是否为分类错误。

(3) 若是分类错误，将地面点和非地面点与晕渲图套合，将有问题的地方在另外一个窗口截一个断面或者查看有问题地方旁边的点，分析分类错误的原因，进行修改。

(4) 修改完成后再制作晕渲图，若整个图过渡比较平滑，表示分类较好；

(5) 应用Smoothen Points和Model Keypoints将分类好的地面点光滑和抽稀。

构建DEM：将xyz格式的地面点数据，编辑为VirtuoZoNT系统控制点＊.pas的文件格式；进入VirtuoZoNT摄影测量系统测图模式，创建系统测图矢量文件，矢量成图比例尺依据地面LiDAR数据的点密度设定为1∶10000；矢量坐标范围为LiDAR数据的覆盖范围，因系统一次引入的控制点有限，地面LiDAR点按7000个分多次引入并保存。

在 DEM maker 模块中创建一个后缀为 . ftr 的 DEM 文件，设定文件名，并指定文件存放路径；DEM 参数依据测图矢量参数设置，DEM 格网间距为 5m；在 DEM 坐标范围内根据规划的格网间距生成 DEM 格网点的有效数据区；引入测图矢量文件，将所有矢量点层转换为创建 DEM 规定的特征点线层，构建三角网，创建 DEM 数据；输出 DEM。

1.4　自主实验 3：基于 InSAR 的数据采集

合成孔径雷达干涉测量（Interferometric Synthetic Aperture Radar, InSAR）技术是极具潜力的微波遥感新技术，它是合成孔径雷达遥感成像与电磁波干涉两大技术融合的结果。其基本思路是通过两副天线同时观测（单轨双天线模式）或两次平行观测（重复轨道模式），获得同一地区的重复观测数据（复数影像对），提取同一目标对应的两个回波信号之间的相位差，结合观测飞行平台的轨道数据提取高程信息，可以获取高精度、高分辨率的地面高程信息。在 InSAR 基础上进一步发展了差分干涉技术（Differential Interferometric Synthetic Aerture Radar，D _ InSAR），利用 D _ InSAR 技术可以精密测定地表的微小形变，精度可达厘米级甚至毫米级。InSAR 技术在地形测绘、城市目标探测和城市形态分析、海洋表面及其流速场探测、极地冰川监测、农业和资源调查等领域有着极其广阔的应用前景。而 D _ InSAR 技术在地震、地面沉降、火山活动、冰川漂移、山体滑坡等大范围地面形变的监测和研究方面表现出极大的潜力。

InSAR 技术主要利用 SAR 影像的后向散射强度进行两幅 SAR 图像的相关性计算和图像配准，利用其相位信息，根据雷达波长和周期以及雷达天线位置推算出地面散射单元的位置，即利用 SAR 干涉影像的相位成分来算出地面散射单元的位置从而形成有关地球表面的地形图。

InSAR 数据的主要处理过程包括以下几个部分：SAR 数据的读取、基线估计、图像配准和重采样、生成干涉图、相位解缠、地理编码。从预处理后的两幅复数图像出发，主要流程如图 1-15 所示。

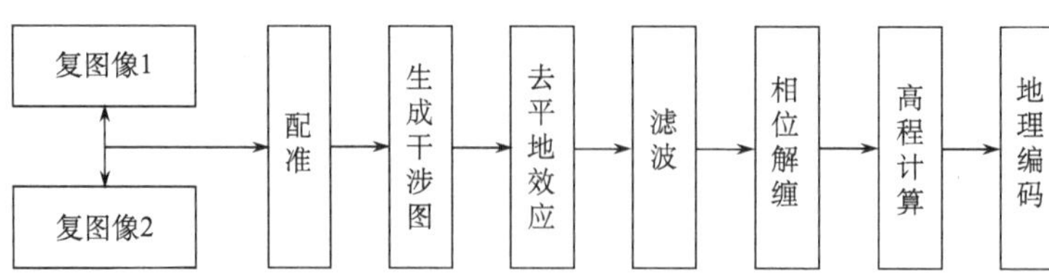

图 1-15　InSAR 数据处理流程

基线估计：两幅 SAR 图像的相关性受基线长度的影响，同时在相位值转换成高程值以及 DEM 建模前，均需要计算基线的长度和倾角，所以一般先进行基线估计。基线估计结果的准确性受轨道数据精度影响。目前基线估计的方法有轨道参数几何法、基于地面控制点（GCP）精确估算法和干涉条纹图频谱估算法等基线估计方法。

复图像配准和重采样：SAR 图像配准通常有两种方法。①基于精密卫星星历和相干系数的配准；②基于地面控制点的配准。方法①不需要外部信息，直接通过卫星的基本参数就可以达到精度在 1/10 像元的配准要求，但是这需要两幅图像有很好的相关性、卫星的轨道信息很精确等较强的约束条件；方法②需要在图像上选取控制点，根据控制点的坐标来配准两幅影像，通常这些控制点是 SAR 图像上的一些容易辨认的特征点或者布设的角反射器。配准精度通常限制在误差小于 0.2 个像元。

复图像配准之后需要对从图像进行重采样，使从图像上的每一个像元值精确地对应于主图像上的每一个像元。重采样的方法通常有最近临法、线性内插法、（4 点、6 点）立方体卷积插值法、（6 点、8 点或 16 点）有限长 sinc 函数法。

干涉图和相关图的生成：对于地面上任意一点在两幅已配准的 SAR 图像上的像元值可用复数表示，两复数共轭相乘即可得到该像元干涉后的复数表示形式。对所有像元进行共轭相乘即可生成干涉图。由于 SAR 图像在距离向和方位向上的分辨率不同，在干涉后一般需将方位向像元做多视处理，使得干涉图符合实际的纵横比例。

水平地形效应的消除和干涉图的滤波：形成干涉图之后和相位解缠之前，还有很多工作要做，其中主要包括水平地形效应去除和干涉图像滤波。InSAR 主要是利用信号的相位信息获取目标的高度，在干涉图像处理过程中应当保证相位的关系不变，但 InSAR 和轨道的几何关系使得干涉相位图中本应保持不变的相位差产生了变化，此类变化并不反映目标的高度变化，像这样相位图中高度相同而干涉相位差不同的现象称为水平地形效应。在对干涉图进行滤波和相位解缠之前应该消除水平地形效应。水平地形效应主要受到 SAR 系统的几何关系，如平台高度、天线的下视角、基线长度等因素的影响，消除水平地形效应一般采用相位补偿法。

干涉图像的噪声来源主要有系统热噪声，由叠掩、遮挡和时相变化引起的去相关噪声，局部匹配失准引起的噪声等。目前消除干涉纹图中的噪声主要有像素平均法、中值滤波法、方向滤波法、向量滤波法、卡尔曼滤波法等方法。

相位解缠和相位值向高程值转换：从干涉图上直接获得的仅是相位的主值，所有的 $2k\pi$（k 为整数）信息均丢失，使得本来连续变化的真实相位变成在 $(-\pi, \pi]$ 之间周期变化的干涉条纹，即相位存在 2π 的模糊问题，在将相位值转换成地面的高度值之前，必须进行相位解模糊，找回丢失的 $2k\pi$ 信息，重建真实的连续相位，这一过程叫做相位解缠。

目前相位解缠方法归纳起来大致可以分为三类：路径跟踪法；最小范数法；网络流算法。路径跟踪法主要包括枝切法、基于品质图像的路径积分算法、区域生长法、基因法、局部频率法、掩模法等算法。最小范数法主要包括最小二乘法、加权最小二乘法、松弛法、格林方程法、投影变换法等算法。网络流算法是一种新型的算法，在特定的条件下，显示出其优越性。

地理编码以及 DEM 生成：把干涉图雷达坐标系中以方位向像元号和距离向像元号为坐标的图元坐标系统，转化为椭球体坐标系下的直角坐标系统。经过地理编码之后，就可以生成数字高程模型（DEM）。

相对于传统的空间遥感方式，合成孔径雷达具有全天时、全天候、高分辨率以及对地面和植被有一定穿透能力等突出的优点，不仅是传统空间遥感和摄影测量方法的有效补充，而且开拓了全新的观测方式和应用领域。当前正在运行中的 InSAR 系统已获得的实际数字高度地图已达到米级的高程精度，并且这个精度仍有可能大幅度提高。可以说，合成孔径雷达干涉测量的时代正渐渐向人们走来。

2　实验二　DEM 建模

实验目的： 了解 DEM 建模的不同方法

实验要求： 掌握不同内插方法的实现过程

实验数据： 散点数据、等高线数据、TIN

2.1　基础实验 1：基于不规则、规则分布采样点的 DEM 建立

通过不同的内插方法可以直接由不规则分布采样点建立 DEM，实现过程如下。

(1) 添加散点数据，打开【ArcToolBox】，选择【Spatial Analyst Tools】，选择【Interpolation】，ArcGIS 提供了多种内插方法，这里以反距离权内插方法（IDW）为例，双击【IDW】。

(2) 在弹出的窗口中，【Input point features】中输入需要被计算的散点数据；【Z value field】中输入需要内插的属性，这里选择高程 ELVE；【Output raster】中输入内插计算结果数据的名称和路径；【Output cell size（optional）】中输入内插得到的 DEM 的分辨率，该值根据采样点的密度确定，这里填 5；【Power（optional）】是权重，表示采样点对内插点的贡献程度，距离越近，权值越大，反之越小，通常选 2；【Search radius（optional）】为内插的搜索半径，可以选择固定值（fixed），也可以选择变化值（variable），这里选择的是 variable；【Search Radius Settings】是设置搜索半径和搜多采样点的值，这里在【Number of points】中输入 12，表示对每一个内插点都要在其邻域范围内搜索 12 个点参与内插计算；因为前面搜索半径选择了 variable，所以【Maximum distance】（最大搜索距离）不填；【Input barrier polyline features（optional）】是指输入内插的边界图层，如果没有就不填，软件会根据数据自动确定（图 2-1）。

(3) 单击【OK】，软件即可开始内插计算生成 DEM（图 2-2）。

基于规则格网分布采样点数据建立 DEM 的过程与上述步骤是一样的，但其在内插过程中对搜索半径的处理是不同的，详见《数字高程模型教程》（第二版）4.4.2 节。

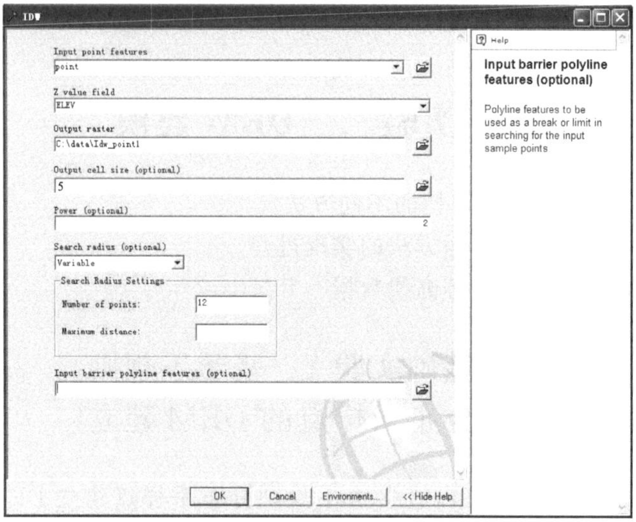

图 2-1　IDW 内插

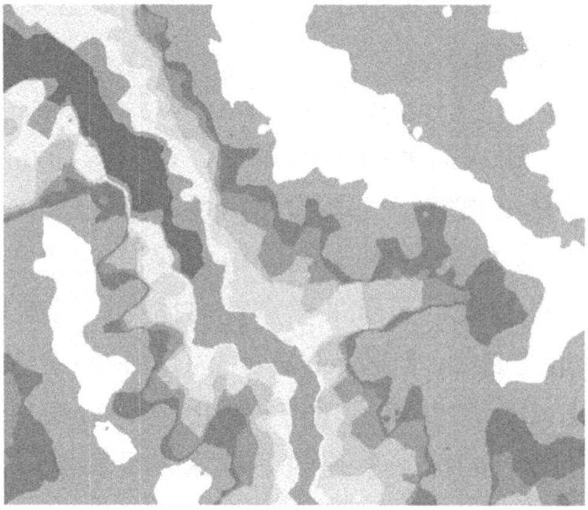

图 2-2　基于散点数据生成的 DEM

2.2　基础实验 2：基于等高线数据的 DEM 建立

（1）添加等高线数据，打开【ArcToolBox】，选择【Spatial Analyst Tools】，选择【Interpolation】，ArcGIS 提供了多种内插方法，这里以双线性内插方法(Spline) 为例，双击【IDW】。

（2）在弹出的窗口中，【Input point features】中输入需要被计算的等高线数据；【Z value field】中输入需要内插的属性，这里选择高程 ELVE；【Output raster】中输入内插计算结果数据的名称和路径；【Output cell size（optional）】中输入内插得到的 DEM 的分辨率，该值根据采样点的密度确定，这里填 5；【Spline type（optional）】有规则样条和张力样条两种选择；【Weight（optional）】是权重，缺省值为 0.1；【Number of points（optional）】中输入 12，表示对每一个内插点都要在其邻域范围内搜索 12 个点参与内插计算（图 2-3）。

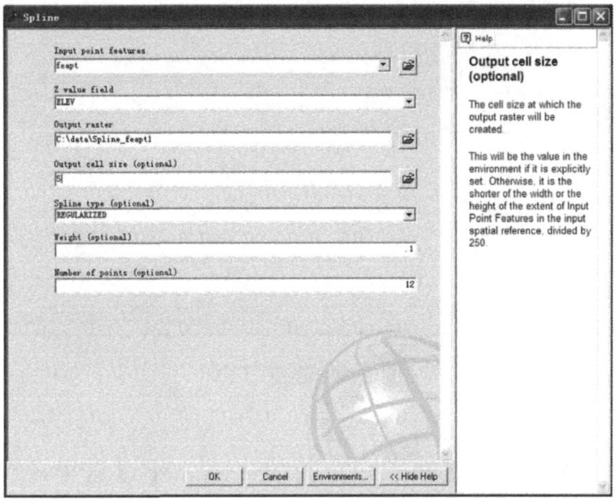

图 2-3 Spline 内插

（3）单击【OK】，软件即可开始内插计算生成 DEM（图 2-4）。

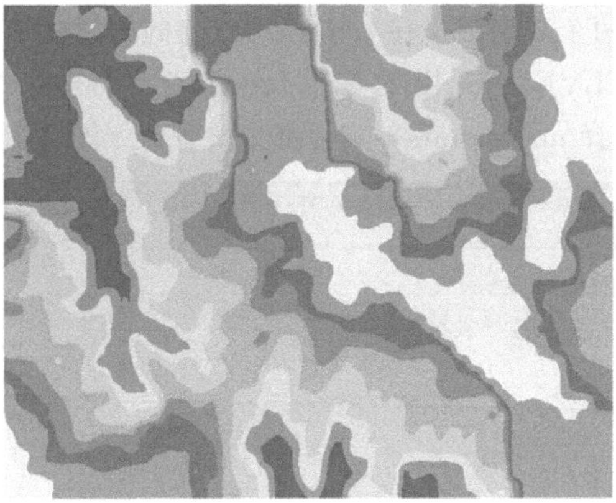

图 2-4 基于等高线数据生成的 DEM

单纯利用等高线数据生成 DEM，会造成部分特征地形的损失，因此在实际生产过程中一般会加入地形特征点数据，将两个数据结合起来建立 DEM。

(4) 添加等高线数据 (terlk) 和特征点数据 (feapt)，打开【ArcToolBox】，选择【3D Analyst Tools】，选择【TIN Creation】，双击【Create TIN】。

(5) 在弹出的窗口中，【Output TIN】中输入新建 TIN 的名称及保存路径；【Spatial Reference (optional) 】输入 TIN 的空间坐标，没有则不填 (图 2-5)。

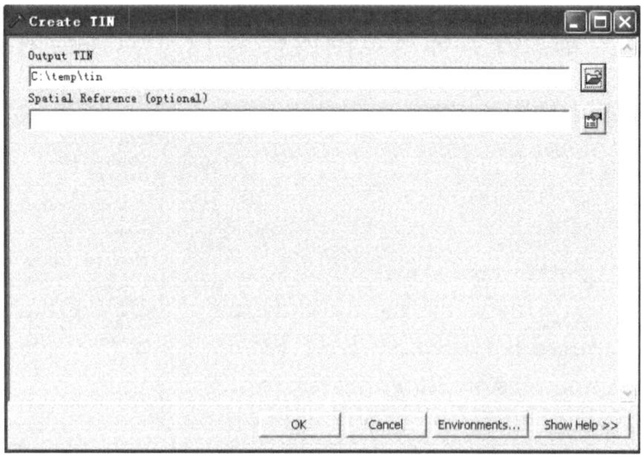

图 2-5　建立 TIN

(6) 单击【OK】，即建立好了一个新的 TIN，不过这里还没有添加数据。

(7) 向 TIN 中添加数据，打开【ArcToolBox】，选择【3D Analyst Tools】，选择【TIN Creation】，双击【Edit TIN】。

(8) 在弹出的窗口中，【Input TIN】输入刚才新建立的 TIN 的完整路径；【Input Feature Class】输入构建 TIN 的矢量数据层，这里选择了等高线 (terlk) 和特征点 (feapt) 两个数据层，在 terlk 和 feapt 的属性栏选项中，height _ field 属性都选择高程 (ELVE)，terlk 的 SF _ type 属性选择软断线 (softline)，feapt 的 SF _ type 属性选择 masspoints，其他都为缺省值 (图 2-6)。

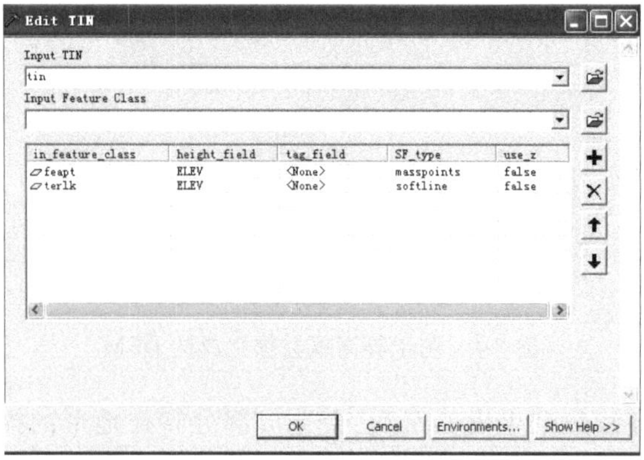

图 2-6　TIN 的编辑

(9) 单击【OK】，即由等高线和特征点数据生成了 TIN（图 2-7）。

图 2-7 TIN 的生成

(10) 打开【ArcToolBox】，选择【3D Analyst Tools】，选择【Conversion】，选择【From TIN】，双击【TIN to Raster】。

(11) 在弹出的窗口中，【Input TIN】中输入需要被转换的 TIN 数据；【Output Raster】中输入计算结果数据的名称和路径；【Output Data Type（optional）】选择转换得到栅格数据的高程数据属性，有浮点型（FLOAT）和整型（INT）两种可选；【Method（optional）】选择内插方法，有线性内插（LINEAR）和邻域内插（NATURAL_NEIGHBORS）两种可选；【Sampling Distance（optional）】输入栅格的分辨率；【Z Factor（optional）】输入垂直放大因子，通常选 1，表示维持原始地形（图 2-8）。

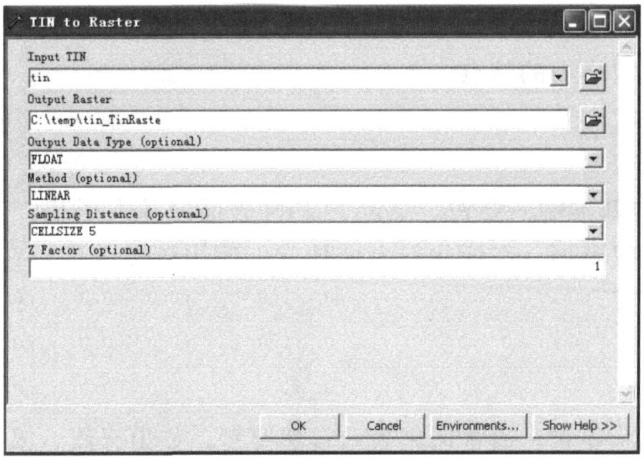

图 2-8 TIN 到 Raster 的转换

（12）单击【OK】，即可生成 DEM（图 2-9）。

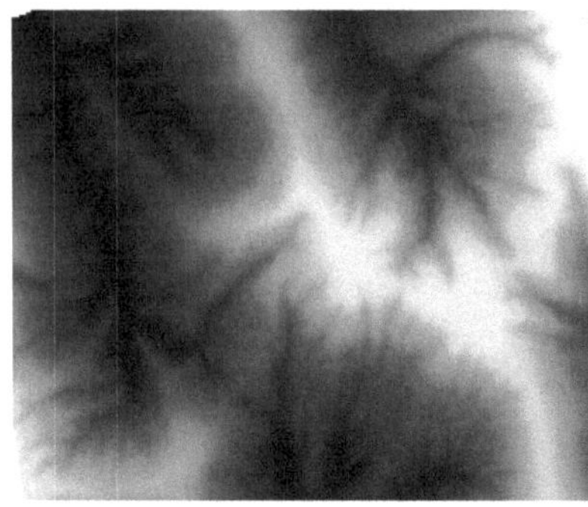

图 2-9 基于等高线和特征点数据生成的 DEM

2.3 基础实验 3：TIN 的建立及 TIN 与 GRID 的转换

1. TIN 的建立

TIN 通常是从多种矢量数据源中创建的。可以用点、线与多边形要素作为创建 TIN 的数据源。其中，不要求所有要素都具有 Z 值，但有一些要素必须有 Z 值。同时，这些用以创建 TIN 的输入要素还可以包含整数属性值，并且这些属性值也将在输出的 TIN 要素中保留。如不同输入数据源的相对精度，或用来识别要素（如道路与湖泊等）的属性。

在 ArcGIS 中，可以使用一种或多种输入数据直接一步创建 TIN 模型，也可以分步创建，并可以通过向已有 TIN 模型中添加要素实现对已有模型的改进。TIN 表面模型可以从网格点、隔断线与多边形中生成。网格点用来提供高程，作为生成的三角网络中的结点。

1）点集

它是 TIN 的基本输入要素，决定了 TIN 表面的基本形状。TIN 表面可以有效地对异质表面建模型。在变化较大的地方，使用较多的点，在较平坦的表面，则使用较少的点。

2）隔断线

隔断线是线状要素，通常用来表示自然要素，如山脊线、溪流，或用来创建要素，如道路；它可以是具有高度的线，也可以是没有高度的线；在 TIN 中构成一条或多条三角形的边序列。隔断线有“软”隔断线和“硬”隔断线两种。

“硬”隔断线表示表面上突然变化的特征线，如山脊线、悬崖及河道等。在创建 TIN 时，“硬”隔断线限制了插值计算，它使得计算只能在线的两侧各自进行，而落在中断线上的点同时参与线两侧的计算，从而改变 TIN 表面的形状。

“软”隔断线即添加在 TIN 表面上用以表示线性要素但并不改变表面形状的线，它不参与创建 TIN。例如，要标出当前分析区域的边界，可以在 TIN 表面上用“软”隔断线表示出来，不会影响表面的形状。

3）多边形

多边形用来表示具有一定面积的表面要素，如湖泊、水体，或用来表示分离区域的边界。边界可以是群岛中单个岛屿的海岸线或某特定研究区的边界。多边形表面要素有以下四种类型。

（1）裁切多边形：定义插值的边界，处于裁切多边形之外的输入数据将不参与插值与分析操作。

（2）删除多边形：定义插值的边界，与裁切多边形的不同之处在于多边形之内的输入数据将不参与插值与分析操作。

（3）替换多边形：可对边界与内部高度设置相同值，可用来对湖泊或斜坡上底面为平面的开挖洞建模。

（4）填充多边形：它的作用是对落在填充多边形内所有的三角形赋予整数属性值。表面的高度不受影响，也不进行裁切或删除。

在 TIN 表面中使用隔断线与多边形，可以更好地控制 TIN 表面的形状。

建立 TIN 的具体步骤见本实验基础实验 2。

2. TIN 与 GRID 的转换

（1）添加 TIN 数据，打开【ArcToolBox】，选择【3D Analyst Tools】，选择【Conversion】，选择【From TIN】，双击【TIN to Raster】。

（2）在弹出的窗口中，【Input TIN】中输入需要被转换的 TIN 数据；【Output Raster】中输入计算结果数据的名称和路径；【Output Data Type（optional）】选择转换得到栅格数据的高程数据属性，有浮点型（FLOAT）和整型（INT）两种可选；【Method（optional）】选择内插方法，有线性内插（LINEAR）和邻域内插（NATURAL _ NEIGHBORS）两种可选；【Sampling Distance（optional）】输入栅格的分辨率；【Z Factor（optional）】输入垂直放大因子，通常选 1，表示维持原始地形（图 2-8）。

（3）单击【OK】，即可实现 TIN 到 Raster 的转换（图 2-10）。

（4）添加 DEM 数据，打开【ArcToolBox】，选择【3D Analyst Tools】，选择【Conversion】，选择【From Raster】，双击【Raster to TIN】。

图 2-10　由 TIN 转化得到的 Raster

（5）在弹出的窗口中，【Input Raster】中输入需要被转换的 DEM 数据；【Output TIN】中输入计算结果数据的名称和路径；【Z Tolerance（optional）】为高程容限值；【Maximum Number of Points（optional）】为可选值；【Z Factor（optional）】输入垂直放大因子，通常选 1，表示维持原始地形（图 2-11）。

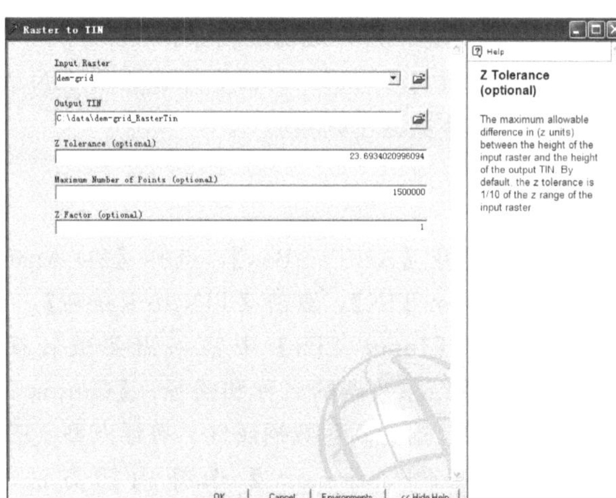

图 2-11　Raster 到 TIN 的转换

（6）单击【OK】，即可实现 Raster 到 TIN 的转换（图 2-12）。

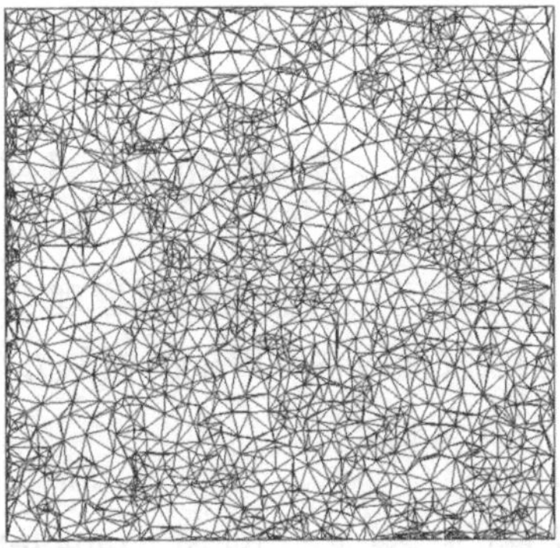

图 2-12 由 Raster 转化得到的 TIN

2.4 自主实验：不同来源数据 DEM 建立的误差分析

实验思路：以现有 1∶1 万 DEM 数据为真值，利用同一区域的等高线数据、散点数据、TIN 各生成一幅该区域 DEM，将不同数据源生成的 DEM 与现有 DEM 数据相减，统计结果的最大值、最小值、平均值、均方差等统计值，分析哪种数据源得到的结果较为理想，并分析误差主要出现在哪些地形部位。

3　实验三　基本地形因子提取

实验目的：了解基本地形因子的分类及提取原理

实验要求：熟悉 ArcGIS 软件中各种因子的提取方法

实验数据：1∶1 万 DEM 数据

3.1　基础实验 1：坡度、坡向的提取

1. 坡度

地表面上任一点的坡度是指过该点的切平面与水平地面的夹角（图 3-1），是一种常用的微观坡面因子。坡度表示了局部地表坡面的倾斜程度，是地表的基本属性，其大小直接影响着地表物质流动与能量转换的规模与强度。在实际应用中，坡度对于水利管理、水土保持规划、农业耕作等具有重要意义，是制约生产力空间布局的重要因子。坡度的数学表达式为

$$\mathrm{Slope}=\arccos\left(\frac{\boldsymbol{z}\cdot\boldsymbol{n}}{|\boldsymbol{z}|\cdot|\boldsymbol{n}|}\right) \tag{3-1}$$

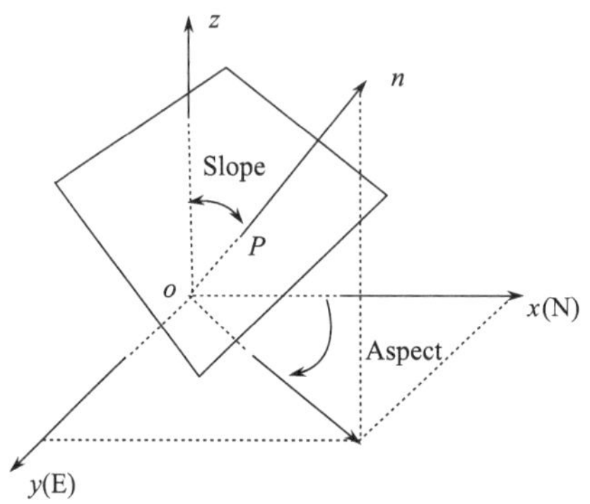

图 3-1　地表单元坡度坡向示意图

坡度的表达主要有两种方式：度（degree），即水平面与地形面之间夹角；百分比（percent），即垂直距离与水平距离之比的百分数。

坡度的提取步骤如下：

(1) 打开【ArcToolBox】，选择【Spatial Analyst Tools】，选择【Surface】，双击【Slope】（图 3-2）。

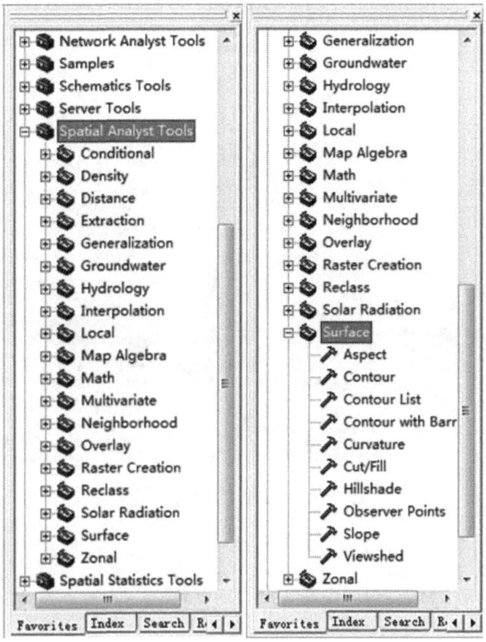

图 3-2 ArcToolBox 中空间分析工具及表面分析工具

(2) 弹出窗口即为坡度计算窗口（图 3-3），在【Input raster】中输入需要被计算的 DEM；在【Output raster】中输入坡度计算结果栅格数据的名称和路径；【Output measurement (optional)】中有两个选项，若选择“DEGREE”，则输出数据以度的形式表达，若选择“PERCENT _ RISE”，则输出数据以百分数的形式表达；【Z factor (optional)】指的是计算坡度时原始数据的放大倍数，一般情况下选择 1。

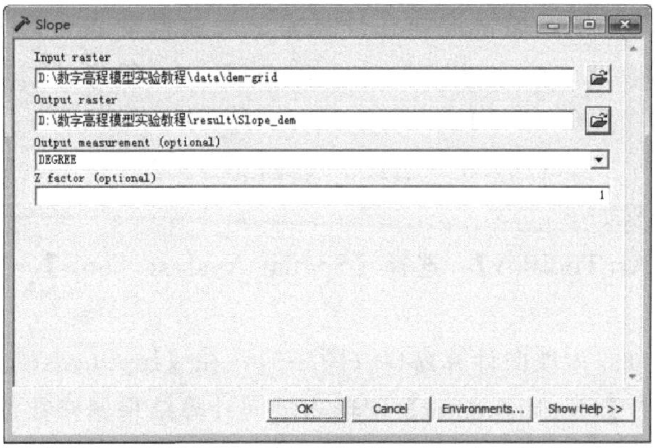

图 3-3 坡度计算窗口

(3) 单击【OK】，计算坡度，得到坡度计算结果图（图 3-4）。

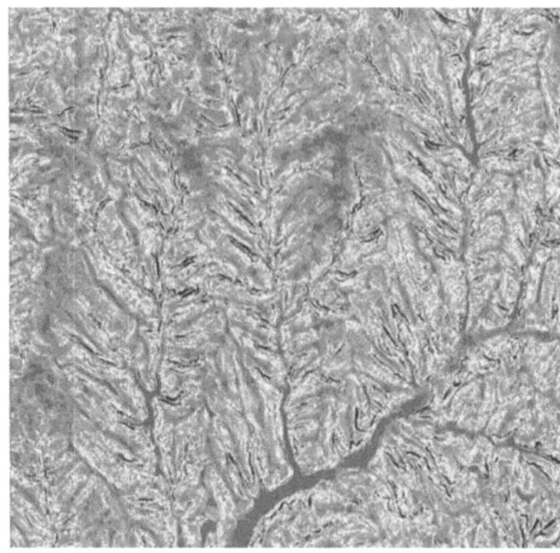

图 3-4 坡度计算结果图

2. 坡向

地表面上任一点的坡向是指该点正北方向顺时针旋转到过该点切平面的法线矢量 $\boldsymbol{n}$ 在水平面的投影 $\boldsymbol{n}_{xoy}$ 位置所转过的角度，是另一种常用的微观坡面因子。坡向表示了局部地表坡面的倾斜方向，是决定地表面局部地面接收阳光和重新分配太阳辐射量的重要地形因子之一。它直接造成局地气候差异，同时，也直接影响到如土壤水分、地面无霜期以及作物生长适宜性程度等多项重要的农业生产指标，对于农业规划具有重要的作用。其数学表达公式为

$$\text{Aspect} = \arctan\left(\frac{f_y}{f_x}\right) \tag{3-2}$$

在 ArcGIS 软件中，通常坡向在计算完毕后被自动表达为 9 个方向，依次是：平地（−1）、北（0°～22.5°，337.5°～360°）、东北（22.5°～67.5°）、东（67.5°～112.5°）、东南（112.5°～157.5°）、南（157.5°～202.5°）、西南（202.5°～247.5°）、西（247.5°～292.5°）、西北（292.5°～337.5°）。

坡向计算步骤如下：

(1) 打开【ArcToolBox】，选择【Spatial Analyst Tools】，选择【Surface】，双击【Aspect】。

(2) 弹出窗口即为坡向计算窗口（图 3-5），在【Input raster】中输入需要被计算的 DEM；在【Output raster】中输入坡向计算结果栅格数据的名称和路径。

(3) 单击【OK】，计算坡向，得到坡向计算结果图（图 3-6）。

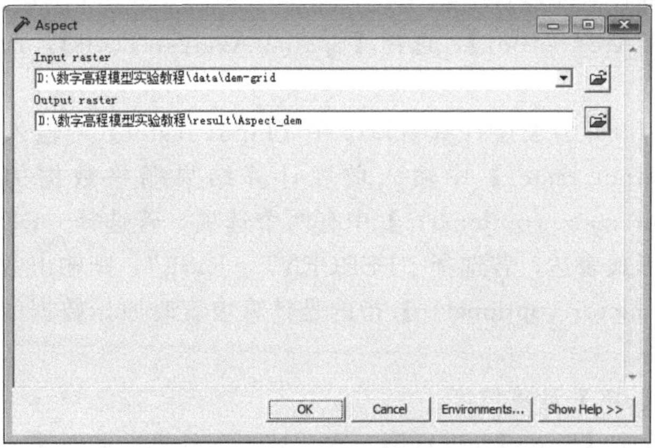

图 3-5 坡向计算窗口

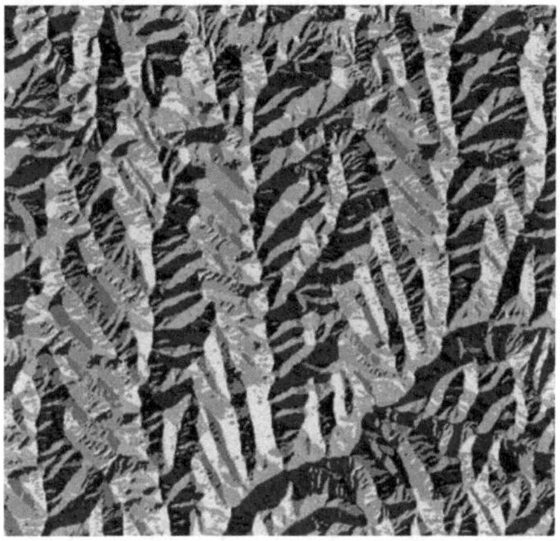

图 3-6 坡向计算结果图

3.2 基础实验 2：变率与曲率的提取

1. 变率

变率是反映地表因子变化程度的指标，包括坡度变率与坡向变率，分别是局部表面坡度与坡向变化的描述。由于坡度表示的就是地面高程的变化情况，运用同样的方法，对坡度数据进行一次坡度计算，即坡度变率，又可以称为坡度的“坡度”（Slope of Slope，SOS）；对坡向数据进行一次坡度计算，即坡向变率，又可称为坡向的“坡度”（Slope of Aspect，SOA）。

坡度变率的计算步骤如下：

(1) 打开【ArcToolBox】，选择【Spatial Analyst Tools】，选择【Surface】，双击【Slope】。

(2) 弹出窗口即为坡度计算窗口，在【Input raster】中输入需要被计算的DEM；在【Output raster】中输入坡度计算结果栅格数据的名称和路径；【Output measurement (optional)】中有两个选项，若选择“DEGREE”，则输出数据以度的形式表达，若选择“PERCENT _ RISE”，则输出数据以百分数的形式表达；【Z factor (optional)】指的是计算坡度时原始数据的放大倍数，一般情况下选择 1。

(3) 单击【OK】计算坡度。

(4) 再次双击【Slope】，进行第二次“坡度”计算。此时输入的栅格数据为上一步计算完的坡度数据。

(5) 单击【OK】，获得坡度变率计算结果（图 3-7）。

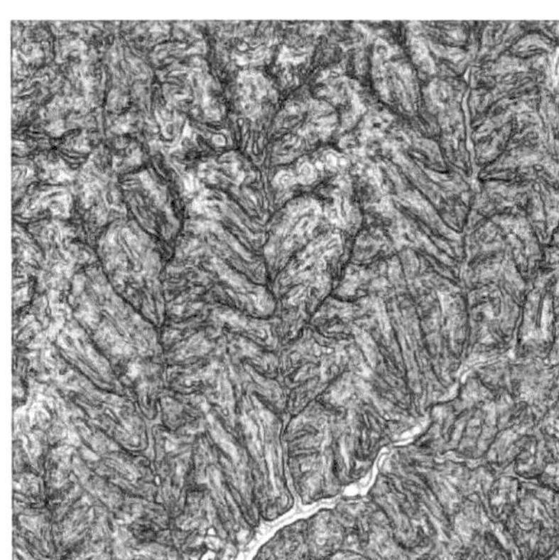

图 3-7　坡度变率计算结果图

由于坡向本身定义的规定，正北方向是 0°，假设两个相邻栅格的坡向值分别是 330°与 30°，两者坡向变化的计算结果为 300°。但是实际上，他们之间的坡向变化只有 60°。所以坡向变率的计算中，必须考虑消除这一误差。具体做法是先对原始 DEM 求坡向，然后将 DEM 反转，进行栅格计算，用一个大值减去 DEM，使得原来是局部高处变成局部低处，原来局部低处变成局部高处，这样南坡北坡发生互换，但是坡向的变化率没有发生变化。再对反转的 DEM 进行坡向的坡度计算，或者两个坡向变率计算。此时将两个坡向变率代入公式（3-3）进行栅格计算，即得到正确的坡向变率。

$$SOA = [(SOA1 + SOA2) - |SOA1 - SOA2|]/2 \tag{3-3}$$

坡向变率的计算步骤如下：

(1) 打开【ArcToolBox】，选择【Spatial Analyst Tools】，选择【Surface】，双击【Aspect】。

(2) 弹出窗口即为坡向计算窗口，在【Input raster】中输入需要被计算的DEM；在【Output raster】中输入坡向计算结果栅格数据的名称和路径。

(3) 单击【OK】，计算坡向。

(4) 在【ArcToolBox】中双击【Slope】，对坡向结果进行坡度计算，设置输出栅格名为"Slope _ aspect1"。

(5) 单击【OK】，计算原始坡向变率（图 3-8）。

图 3-8　坡向变率初步计算结果图

(6) 反转 DEM，打开【Spatial Analyst】工具条，选择【Raster Calculator】，进行栅格计算。

(7) 在弹出窗口中（图 3-9），输入"2000 − [dem-grid]"，单击【Evaluate】，计算得到反转的 DEM—"Calculation"（图 3-10）。

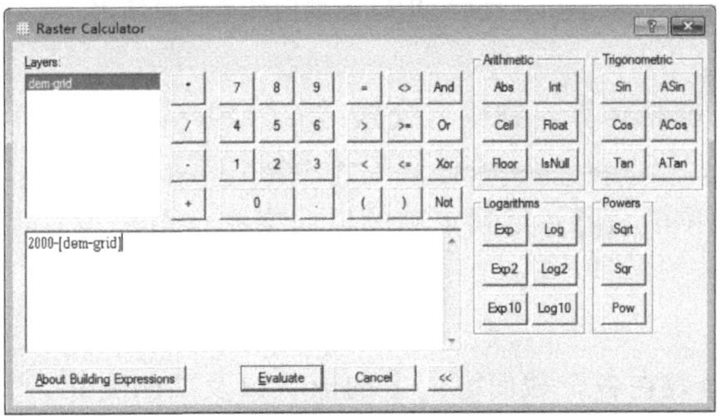

图 3-9　反转 DEM 栅格计算窗口

图 3-10　反转 DEM 计算结果图

(8) 对 “Calculation” 求取 “坡向的坡度”，重复 1～5 步骤，将反转 DEM 的坡向变率命名为 “Slope _ aspect2”（图 3-11）。

图 3-11　反转 DEM 的坡向变率计算结果

(9) 再次进行栅格运算，并输入公式 “(([Slope _ aspect1] + [Slope _ aspect2]) −Abs ([Slope _ aspect1] − [Slope _ aspect2]))/2”。

(10) 单击【Evaluate】，得到正确的坡向变率（图 3-12）。

2. 曲率

曲率主要指地表在各个截面方向上的形状以及凹凸变化，其在垂直和水平两个方向上分量分别称为剖面曲率和平面曲率。

图 3-12 坡向变率结果图

剖面曲率是对地面坡度的沿最大坡降方向地面高程变化率的度量。数学表达式为

$$K_v = -\frac{p^2 r + 2pqs + q^2 t}{(p^2 + q^2)\sqrt{1 + p^2 + q^2}} \tag{3-4}$$

平面曲率指在地形表面任何一点，用过该点的水平面沿水平方向切地形表面所得的曲线在该点的曲率值。其数学表达式为

$$K_h = -\frac{q^2 r - 2pqs + p^2 t}{(p^2 + q^2)\sqrt{1 + p^2 + q^2}} \tag{3-5}$$

式中，$p=\frac{\partial H}{\partial x}$，为 x 方向高程变化率；$q=\frac{\partial H}{\partial y}$，为 y 方向高程变化率；$r=\frac{\partial^2 H}{\partial x^2}$，对高程值在 x 方向上的变化率进行同方向求算变化率，即 x 方向高程变化率的变化率；$s=\frac{\partial^2 H}{\partial x \partial y}$，对高程值在 x 方向上的变化率进行 y 方向上求算变化率，即 x 方向高程变化率在 y 方向的变化率；$t=\frac{\partial^2 H}{\partial y^2}$，对高程值在 y 方向上的变化率同方向上求算变化率，即 y 方向高程变化率的变化率。

曲率计算步骤如下：

(1) 打开【ArcToolBox】，选择【Spatial Analyst Tools】，选择【Surface】，双击【Curvature】。

(2) 弹出窗口即为曲率计算窗口（图 3-13），在【Input raster】中输入需要被计算的 DEM；在【Output curvature raster】中输入综合曲率计算结果的文件名称和路径；【Output profile curve raster（optional）】中输入剖面曲率计算结果的文件名称和路径；【Output plan curve raster（optional）】中输入平面曲率计算结果的文件名称和路径。

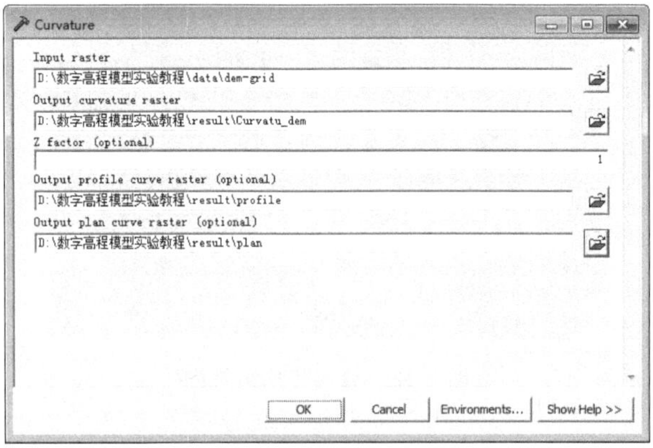

图 3-13　曲率计算窗口

(3) 单击【OK】，即同时得到综合曲率（图 3-14）、平面曲率（图 3-15）和剖面曲率（图 3-16）。

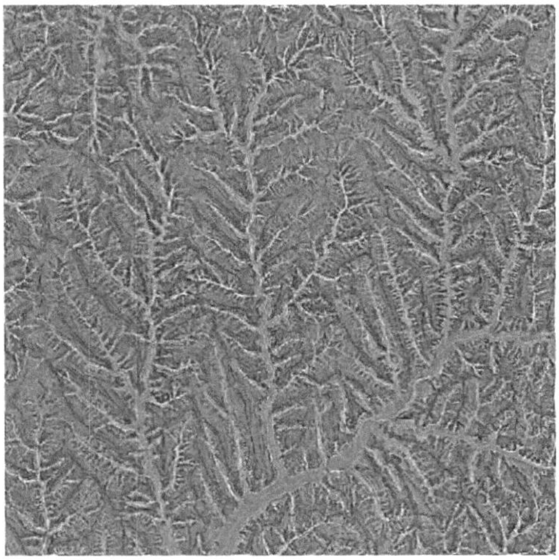

图 3-14　综合曲率计算结果图

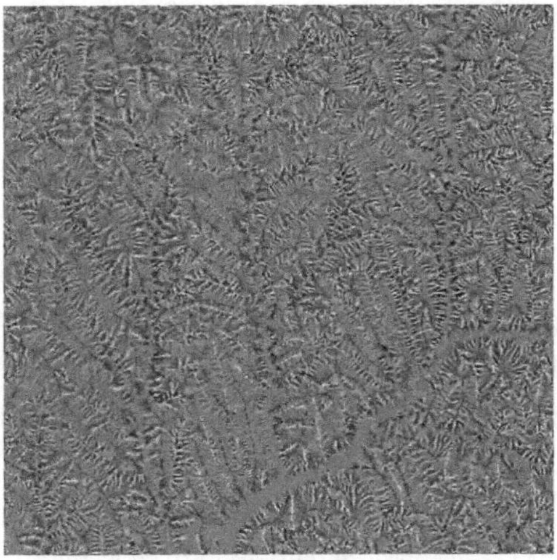

图 3-15 平面曲率计算结果图

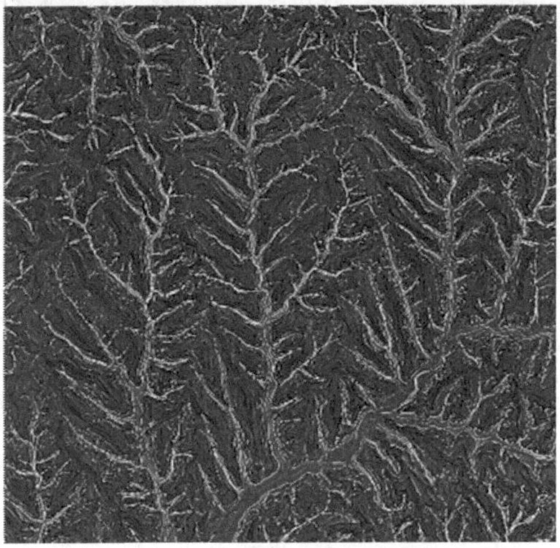

图 3-16 剖面曲率计算结果图

3.3 基础实验 3：坡面形态因子的提取

1. 坡形

坡形，顾名思义就是指坡面的几何形态。从宏观上看，基本的坡形主要有三种，分别是直线形斜坡、凸形斜坡和凹形斜坡。自然界中复杂多样的坡面都是由这三种基本坡形以各种不同形式与顺序结合而成。假设在一定的范围下，坡形是单一且稳定的，那么就可以基于 DEM 的邻域分析获得坡面类型。从数学上看，

其公式为

$$P = H_{i,j} - \frac{\sum_{i=1}^{n} H_i}{n} \tag{3-6}$$

式中，H_i 为邻域内各个栅格的高程；n 为邻域内栅格总数；$H_{i,j}$ 为计算栅格的高程。当 $P>0$ 时，表示计算栅格的高程大于邻域内高程平均数，其坡形即为凸形斜坡；反之，其坡形即为凹形斜坡；而当 $P=0$ 时，其坡形为直线形斜坡。

坡形的计算步骤如下：

(1) 打开【Spatial Analyst】工具条，选择【Neighborhood Statistics】，进行邻域分析。

(2) 弹出窗口中（图 3-17），【Input data】为需要计算的 DEM 数据；【Statistic type】中选择“Mean”，即计算分析窗口内的平均值；【Neighborhood】中选择“Rectangle”，即矩形分析窗口；在【Neighborhood Settings】中，令【Height】和【Width】都是“3”，【Units】选择“Cell”，即 3＊3 窗口，单击【OK】，得到计算结果（图 3-18）。

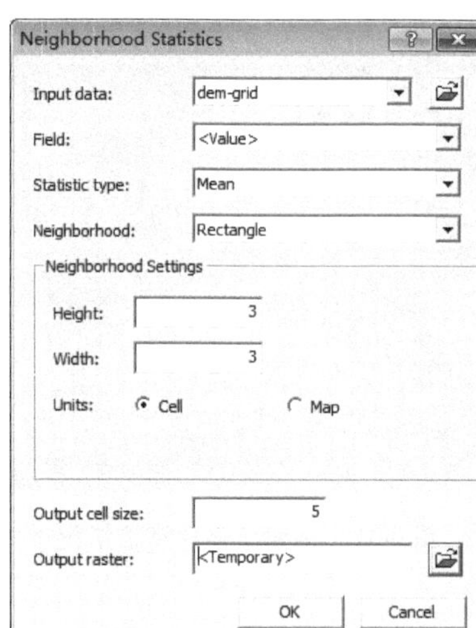

图 3-17　邻域分析窗口

(3) 选择【Spatial Analyst】工具条中的【Raster Calculator】，输入公式“［dem-grid］－［NbrMean of dem-grid］”。

(4) 对结果进行图例设置，计算结果大于 0 的则是凸形坡，小于 0 的则是凹形坡（图 3-19）。

图 3-18 邻域均值计算结果图

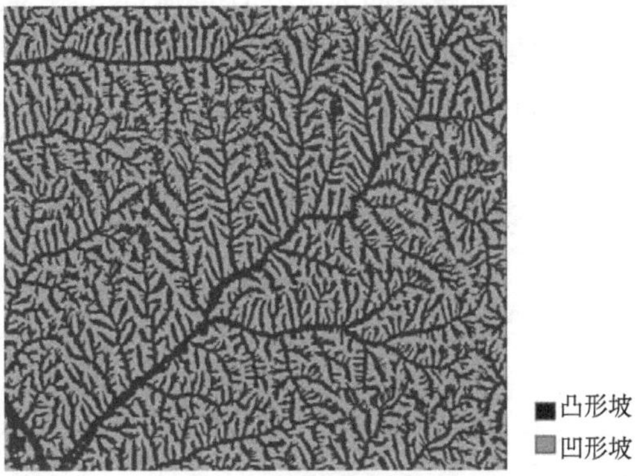

图 3-19 坡形分割结果图

2. 坡长

坡长在土壤侵蚀研究，特别是土壤侵蚀模型的研究中，是作为一个主要的地形因子，与坡度一起影响了土壤侵蚀量。同时它也是决定坡面水流能量沿程变化、影响坡面径流与产沙过程的重要地形因素之一，在水土流失治理与水土保持规划中具有非常重要的作用。一般来说，坡长是指在地面上一点沿水流方向逆流而上，到其水流起点间的最大地面距离在水平面上的投影长度。

坡长的数学表达式为

$$L = m \times \cos\theta \tag{3-7}$$

式中，L 为坡长，m 为地表面沿流向的水流长度；θ 为水流地区的地面坡度值。

由于坡长的计算中涉及水流方向计算，相关的内容见实验四。坡长计算的步骤如下：

(1) 打开【ArcToolBox】，选择【Spatial Analyst Tools】，选择【Hydrology】，双击【Fill】，首先填充洼地(图 3-20)。

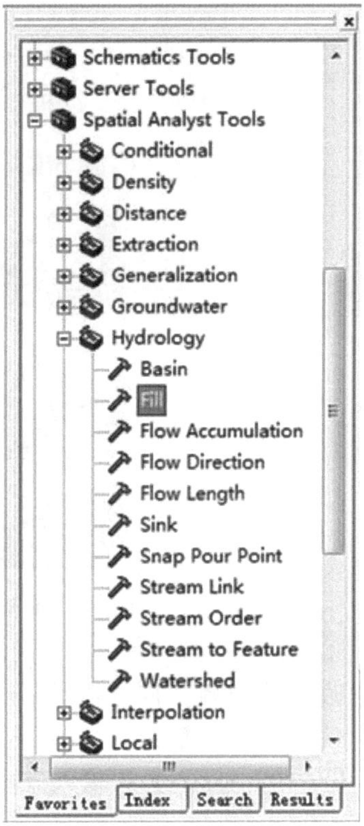

图 3-20 ArcToolBox 中水文分析工具

（2）弹出窗口即为 Fill 计算窗口（图 3-21），在【Input surface raster】中输入需要被填充洼地的 DEM；在【Output surface raster】中输入 Fill 结果栅格数据的名称和路径；【Z limit（optional）】是高差阈值，如果设置其为 10，则当填充高差大于 10 时，该洼地不会被填充，默认值是填充所有洼地，单击【OK】，得到洼地填充结果图（图 3-22）。

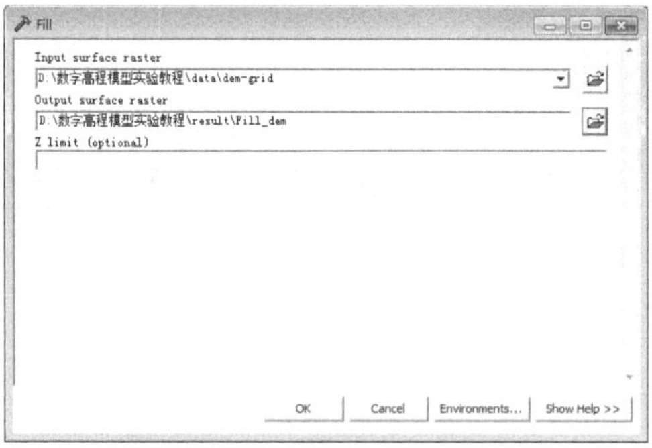

图 3-21　洼地填充工具窗口

图 3-22　洼地填充结果图

（3）计算水流方向，选择【Hydrology】，双击【Flow Direction】，在弹出窗口中（图 3-23），【Input surface raster】中输入填充洼地后的 DEM；【Output flow direction raster】中输入流向结果栅格数据的名称和路径；【Force all edge cells to flow outward（optional）】指如果选择它，那么所有的边缘栅格都将被视为出水口，如果不选择，只要边缘栅格周围有比其低的栅格，那么该边缘栅格就不是出水口，单击【OK】，得到水流方向计算结果图（图 3-24）。

（4）计算坡长（在 ArcGIS 中，可以用流线长度进行坡长计算），选择【Hydrology】，双击【Flow Length】，在弹出窗口中（图 3-25），【Input flow

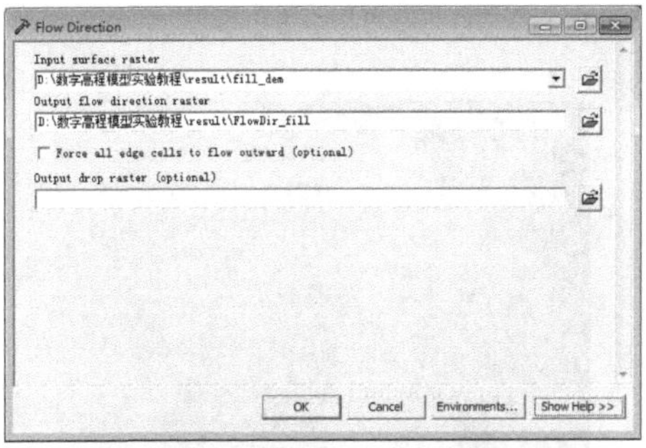

图 3-23 水流方向计算窗口

图 3-24 水流方向计算结果图

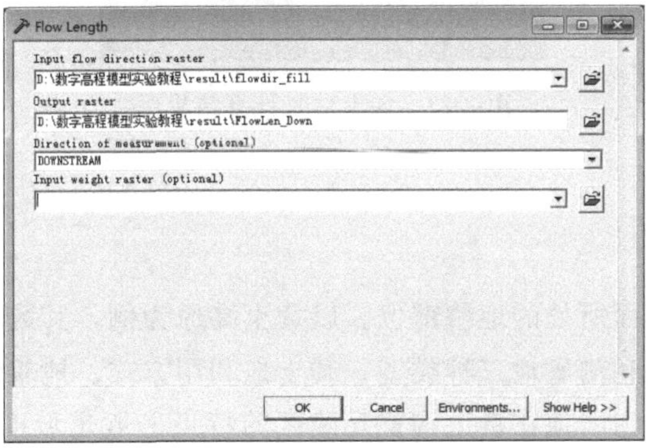

图 3-25 坡长计算窗口

direction raster】中输入流向栅格数据；【Output raster】中输入坡长结果栅格数据的名称和路径；【Direction of measurement (optional)】指计算的是当前点到出水口的水流长度值（选择 DOWNSTREAM）（图 3-26），还是当前点到上游水流起点的坡长值（选择 UPSTREAM）（图 3-27）；【Input weight raster (optional)】指计算路径时的权重。

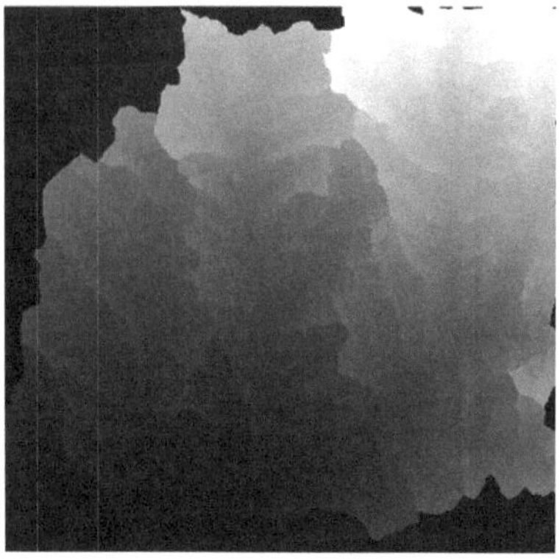

图 3-26　向下坡长计算结果图

图 3-27　向上坡长计算结果图

3. 坡位

坡位指的是坡面所处的地貌部位。以黄土高原为例，其区域地貌结构可以分成沟间地、沟坡地和沟底地三种类型，其土地利用方式、地貌侵蚀成因、坡度组合结构各不相同。沟间地在黄土沟壑丘陵区的特点一般是坡度小于 25°，位于正地形上。而沟底地一般也是坡度比较平缓，但是位于负地形上。根据此特点，就可以对坡位进行分割计算。

沟间地计算的步骤如下：

(1) 对坡度进行重分类，坡度大于 25°的标记为 0，小于 25°的标记为 1。打开【ArcToolBox】，选择【Spatial Analyst Tools】，选择【Reclass】，双击【Reclassify】(图 3-28)。

(2) 弹出窗口即为重分类窗口，输入需分类的数据，单击【Classify】，指定分类规则。将类别分成两类，其中以 25 为分割值（图 3-29）。在“Reclassify”窗口中，设置“New values”，令“0～25”的缓坡值为“1”，其余为 0（图 3-30），得到分类结果（图 3-31）。

(3) 进行邻域分析，分割正负地形。打开【Spatial Analyst】工具条，选择【Neighborhood Statistics】。弹出窗口中，【Input data】为需要进行分析的 DEM 数据；【Statistic type】选择“Mean”，求取平均值；【Neighborhood Settings】选择“17 * 17”分析窗口；【Output raster】输入邻域计算结果数据的名称与路径。单击【OK】运算，得到邻域分析结果图（图 3-32）。

(4) 栅格计算，原始 DEM 减去求平均值后的 DEM。打开【Spatial Analyst】工具条，选择【Raster Calculator】，输入公式：［dem-grid］－［mean _ dem］。单击【Evaluate】得到计算结果（图 3-33）。

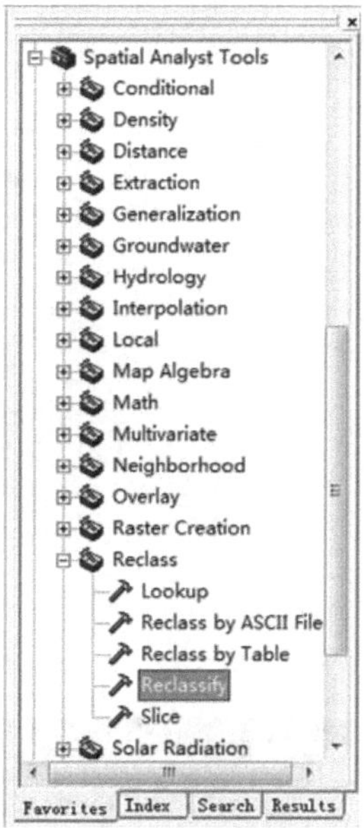

图 3-28 ArcToolBox 中的栅格重分类工具

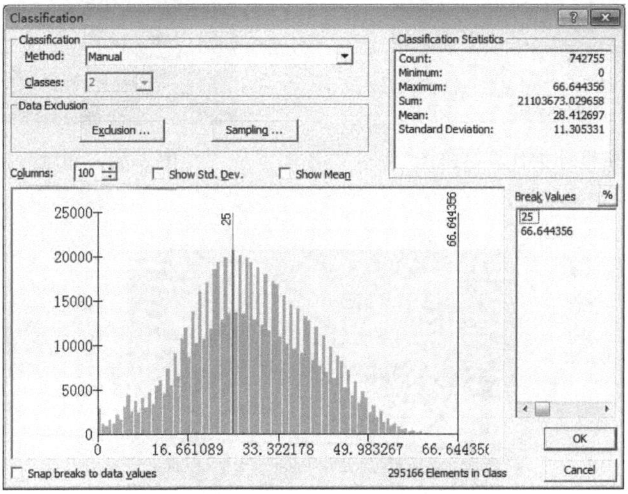

图 3-29 栅格重分类规则设定窗口

(5) 对计算结果重分类，大于 0 的为 1，小于 0 的为 0（图 3-34）。

(6) 进行栅格计算。打开【Spatial Analyst】工具条，选择【Raster Calculator】，

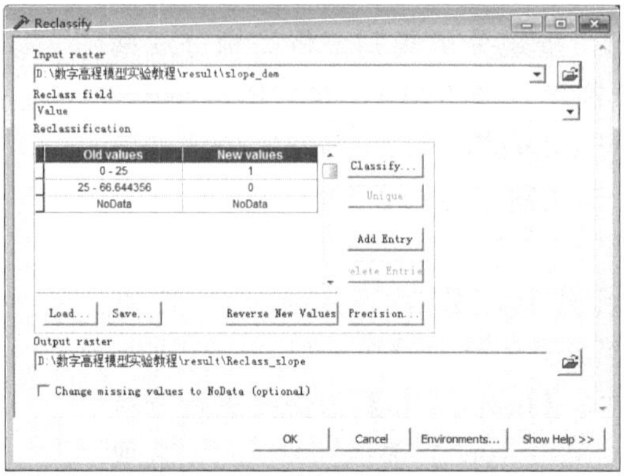

图 3-30　栅格重分类窗口

图 3-31　栅格重分类计算结果图

图 3-32　邻域分析结果图

图 3-33　栅格计算结果图

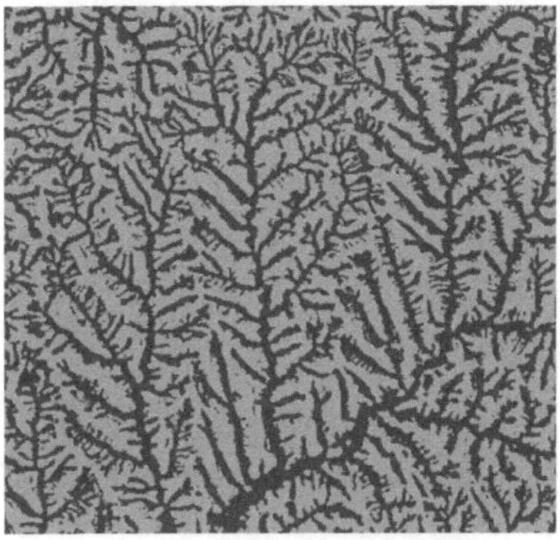

图 3-34　栅格重分类结果图

输入公式：[Reclass _ PN] * [Reclass _ slope]。当计算结果的栅格值为 1 时，说明该栅格满足坡度小于 25°，且位于正地形，就判定其为候选沟间地（图 3-35）。

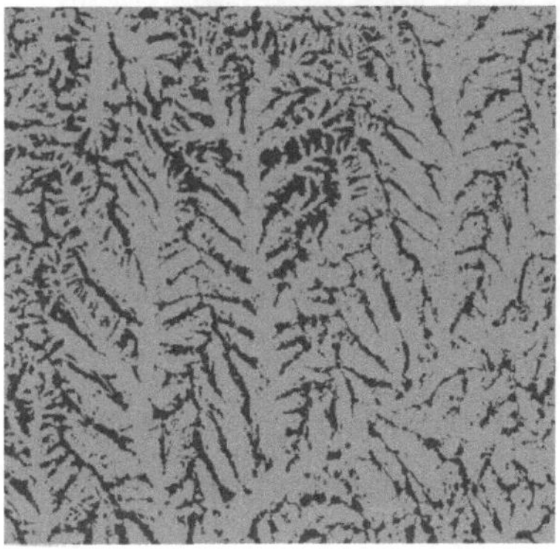

图 3-35　栅格计算结果图

（7）在正负地形分割中，会有把较宽沟谷谷底的某些区域判定为正地形。最后再求取不同级别的沟谷网络（具体步骤见实验四水文分析中的汇水网络提取），按等级设置不同的缓冲区半径，获得沟谷图层（图 3-36），将沟间地中的沟谷部位剔除。打开【Spatial Analyst】工具条，选择【Raster Calculator】，输入公式：[Calculation2] − [Calculation3]。计算结果中，栅格值为 1 的栅格即沟间地（图 3-37）。

沟底地计算步骤如下：

（1）打开【ArcToolBox】，选择【Spatial Analyst Tools】，选择【Reclass】，双击【Reclassify】对坡度进行重分类，坡度大于 20°的标记为 0，小于 20°的标记为 1。

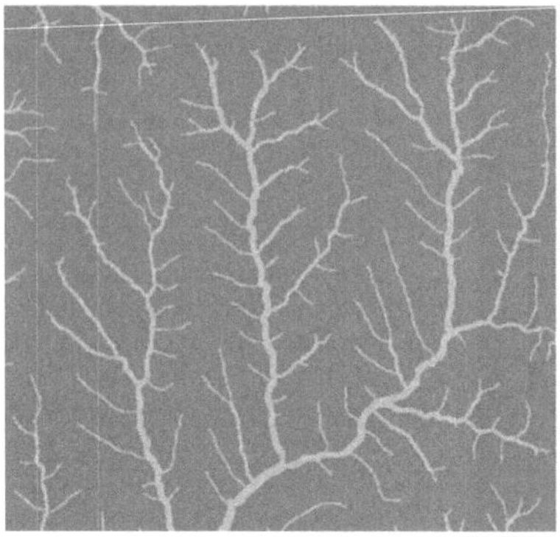

图 3-36　沟谷网络缓冲分析结果

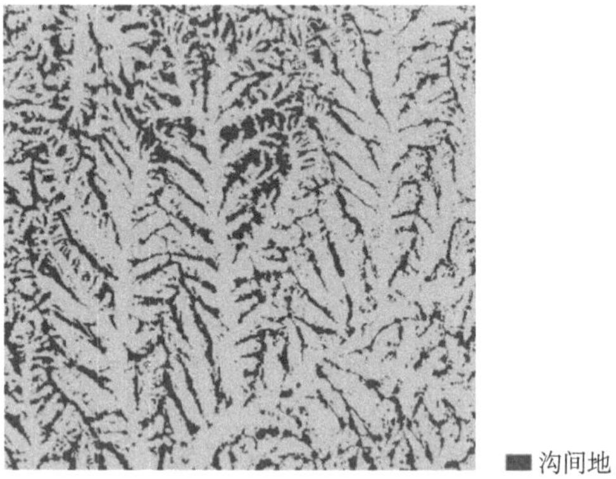

图 3-37　沟间地提取结果图

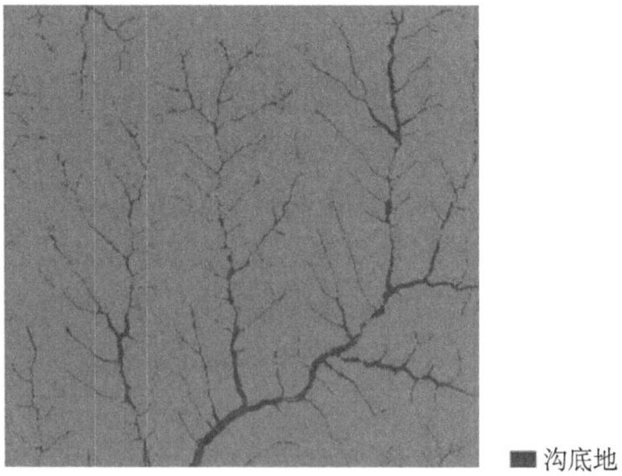

图 3-38　沟底地提取结果图

(2) 栅格计算，将沟谷图层乘以坡度分级图层。打开【Spatial Analyst】工具条，选择【Raster Calculator】，输入公式：［Calculation3］ * ［Reclass _ slop2］。计算结果中，栅格值为 1 的栅格满足坡度小于 20，且位于沟谷缓冲区内，即沟底地（图 3-38）。

除去沟间地与沟底地以外的区域，即沟坡地。

3.4 基础实验 4：坡面复杂度因子的提取

坡面复杂度因子包括地形起伏度、地形粗糙度、地表切割深度和高程变异系数等，是一种宏观的地形信息因子。与坡面因子不同的是，坡面复杂度因子反映的是较大区域内地表坡面的宏观地形特征，而不仅仅是一面坡的地形特征。

1. 地形起伏度

地形起伏度是指在一定区域范围内的最大高程与最小高程之差。反映在 DEM 上，就是指分析区域内，栅格最大值与最小值的差异，表示分析区域的高程起伏情况。地形起伏度的计算公式如下：

$$RF_i = H_{\max} - H_{\min} \tag{3-8}$$

式中，RF_i 为分析区域内的地形起伏度；$H_{\max}$ 为分析区域内的最大高程值；$H_{\min}$ 为分析区域内的最小高程值。

地形起伏度受分析范围影响较大，通常随着分析范围的扩大而扩大。当分析范围扩大到整个图幅范围时，其地形起伏度的值即整个图幅区域的最大高程值与最小高程值的差。因此，如何选择合适的分析范围，是地形起伏度提取的核心，实际工作中，必须根据不同的需求，特别是分析单元，选择不同的分析范围来计算地形起伏度因子，以增强指标提取的有效性，使其满足如水土流失特征分析等实际应用。

地形起伏度的计算步骤如下：

(1) 计算分析窗口内的最大值。打开【Spatial Analyst】工具条，选择【Neighborhood Statistics】。弹出窗口中，【Input data】为需要进行分析的 DEM 数据；在【Statistic type】中选择“Maximum”，求取最大值；在【Neighborhood Settings】中选择“7 * 7”分析窗口；在【Output raster】中输入邻域计算结果数据的名称与路径，单击【OK】进行邻域分析。

(2) 计算分析窗口内的最小值。打开【Spatial Analyst】工具条，选择【Neighborhood Statistics】。弹出窗口中，【Input data】为需要进行分析的 DEM 数据；在【Statistic type】中选择“Minimum”，求取最小值；在【Neighborhood Settings】中选择“7 * 7”分析窗口；在【Output raster】中输

入邻域计算结果数据的名称与路径。单击【OK】计算得到分析窗口的最小值。

(3) 计算地形起伏度，打开【Spatial Analyst】工具条，选择【Raster Calculator】，输入公式：[max _ 7 _ 7]－[min _ 7 _ 7]，得到地形起伏度计算结果(图 3-39)。

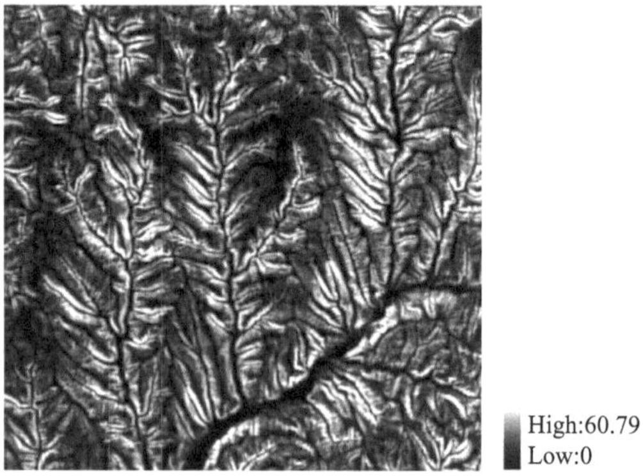

图 3-39　地形起伏度计算结果图

2. 地形粗糙度

地形粗糙度是另外一种表示地形起伏变化的指标，同时又能反映出地表的侵蚀程度。地形粗糙度具体指地表单元的表面面积与其在水平面上投影面积之比。其数学表达式为

$$R_i = S_{表面} / S_{投影} \tag{3-9}$$

当把 DEM 中每一个栅格当成一个平直坡面时，其计算公式可以近似为

$$R_i = 1/\cos(\text{Slope}) \tag{3-10}$$

地形粗糙度计算步骤如下：

(1) 计算坡度。

(2) 打开【Spatial Analyst】工具条，选择【Raster Calculator】，输入公式：1/cos ([slope _ dem] * 3.14 / 180)，将度转化为弧度，计算地形粗糙度(图 3-40)。

3. 地表切割深度

地表切割深度是一种与地表起伏度类似的宏观地形因子，指分析范围内平均高程与最低高程之差。其数学表达式为

$$D_i = H_{mean} - H_{min} \tag{3-11}$$

图 3-40 地形粗糙度计算结果图

式中，D_i 为地面每一点的地表切割深度；H_{mean} 为一个分析范围内的平均高程；H_{min} 为一个分析范围内的最低高程。

地表切割深度计算步骤如下：

(1) 计算分析窗口内的平均值。打开【Spatial Analyst】工具条，选择【Neighborhood Statistics】。弹出窗口中，【Input data】为需要进行分析的 DEM 数据；在【Statistic type】中选择“Mean”，求取平均值；在【Neighborhood Settings】中选择“7 * 7”分析窗口；在【Output raster】中输入邻域计算结果数据的名称与路径。

(2) 计算分析窗口内的最小值。打开【Spatial Analyst】工具条，选择【Neighborhood Statistics】。弹出窗口中，【Input data】为需要进行分析的 DEM 数据；在【Statistic type】中选择“Minimum”，求取平均值；在【Neighborhood Settings】中选择“7 * 7”分析窗口；在【Output raster】中输入邻域计算结果数据的名称与路径。

(3) 计算地表切割深度，打开【Spatial Analyst】工具条，选择【Raster Calculator】，输入公式：[mean _ 7 _ 7]－[min _ 7 _ 7]，得到地表切割深度计算结果（图 3-41）。

4. 高程变异系数

高程变异系数描述的是在一定的分析区域内中心点高程的变化，具体指分析区域内标准差与平均高程的比值。高程变异系数计算步骤如下：

(1) 计算分析窗口内的最大值。打开【Spatial Analyst】工具条，选择【Neighborhood Statistics】。弹出窗口中，【Input data】为需要进行分析的 DEM 数据；在【Statistic type】中选择“Mean”，求取平均值；在【Neighborhood

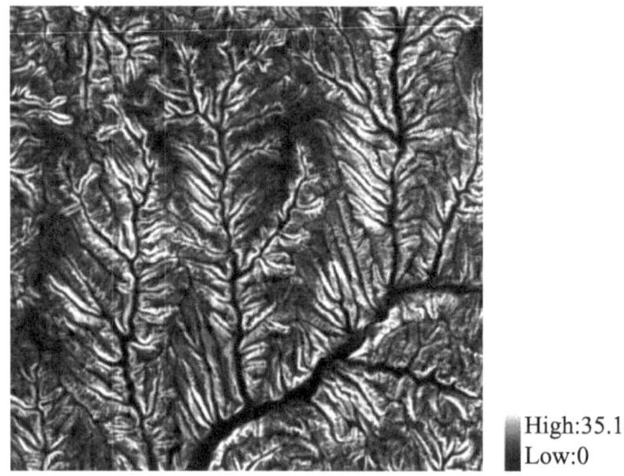

图 3-41 地表切割深度计算结果图

Settings】中选择“7 * 7”分析窗口；在【Output raster】中输入邻域计算结果数据的名称与路径。单击【OK】计算。

(2) 计算分析窗口内的标准差。打开【Spatial Analyst】工具条，选择【Neighborhood Statistics】。弹出窗口中，【Input data】为需要进行分析的 DEM 数据；在【Statistic type】中选择“Standard Deviation”，求取标准差；在【Neighborhood Settings】中选择“7 * 7”分析窗口；在【Output raster】中输入邻域计算结果数据的名称与路径。单击【OK】计算。

(3) 计算高程变异系数，打开【Spatial Analyst】工具条，选择【Raster Calculator】，输入公式：[sd _ 7 _ 7] / [mean _ 7 _ 7]，得到高程变异系数计算结果（图 3-42）。

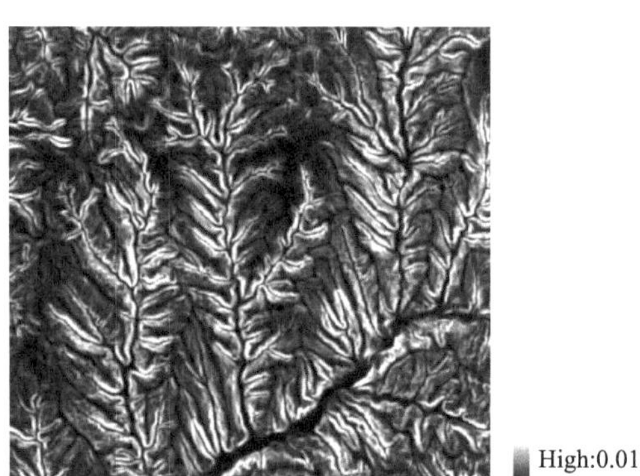

图 3-42 高程变异系数计算结果图

3.5 自主实验：坡度因子提取的不确定性

DEM数据的格网分辨率、精度、因子提取算法等对各因子的提取结果都有影响，即不确定性。这里以坡度因子为例来探讨，首先基于1∶1万DEM数据，通过resample得到10 m、20 m、30 m、40 m、50 m，…，100 m格网分辨率的系列DEM数据，分别基于这些数据提取坡度，通过对比坡度直方图及各个统计数据的变化特征来分析坡度提取的不确定性。

4　实验四　水 文 分 析

实验目的：了解水文分析的基本原理

实验要求：熟悉 ArcGIS 软件水文分析的方法

实验数据：1∶1 万 DEM

4.1　基础实验 1：汇水网络提取

水系作为地形的基本框架，在地貌学、水文学等研究中具有重要的地位，也是与地表水文情况有关的许多领域如区域规划、农业、林业等的基础数据。自从DEM 出现以来，水系的提取就成为 DEM 应用中一个非常重要的内容。ArcGIS中，基于 DEM 的汇水网络提取主要是基于地表径流漫流模型，其步骤主要是洼地填充，水流方向计算，水流汇流累积量计算，设定汇水网络起点。此外，还衍生出沟谷分级等。

以汇水网络起点的汇流累积量为 1000 为例，汇水网络的提取步骤如下：

（1）洼地填充。在【ArcToolBox】中，选择【Spatial Analyst Tools】，选择【Hydrology】，双击【Fill】。

（2）在弹出的窗口中，【Input surface raster】中输入需要被填充洼地的DEM；【Output surface raster】中输入 Fill 结果栅格数据的名称和路径；【Z limit (optional)】是高差阈值，如果设置其为 10，则当填充高差大于 10 时，该洼地不会被填充，默认值是填充所有洼地（图 4-1）。单击【OK】得到无洼地DEM（图 4-2）。

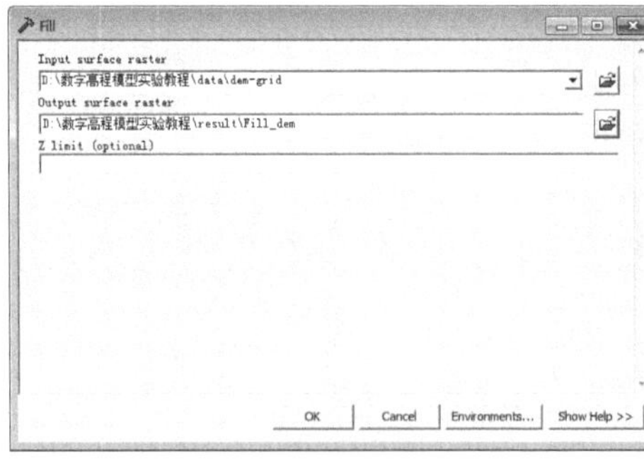

图 4-1　洼地填充计算窗口

图 4-2 无洼地 DEM

(3) 计算水流方向，选择【Hydrology】，双击【Flow Direction】，在弹出窗口中（图 4-3），【Input surface raster】中输入填充洼地后的 DEM；【Output flow direction raster】中输入流向结果栅格数据的名称和路径；【Force all edge cells to flow outward (optional)】指如果选择它，那么所有的边缘栅格都将被视为出水口，如果不选择，只要边缘栅格周围有比其低的栅格，那么该边缘栅格就不是出水口。单击【OK】计算水流方向（图 4-4）。

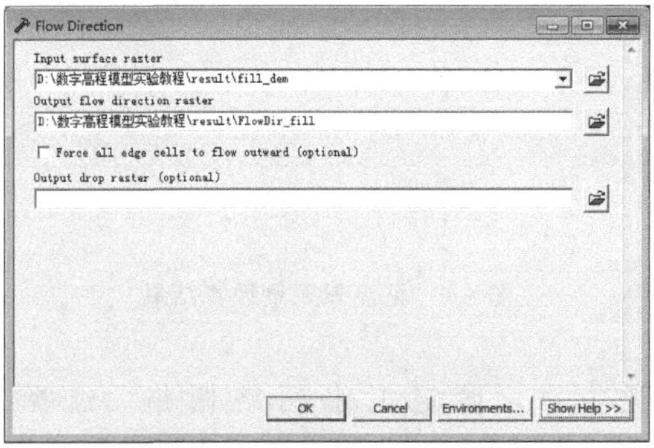

图 4-3 水流方向计算窗口

(4) 计算汇流累积量。选择【Hydrology】，双击【Flow Accumulation】；在弹出窗口中（图 4-5），【Input flow direction raster】中输入计算得到的水流方向数据；【Output accumulation raster】中输入汇流累积量计算结果的文件名与路径；【Input weight raster (optional)】中可选择是否输入权重数据；【Output data type (optional)】中输入输出数据的类型。单击【OK】，得到汇流累积量

计算结果（图 4-6）。

图 4-4　水流方向计算结果

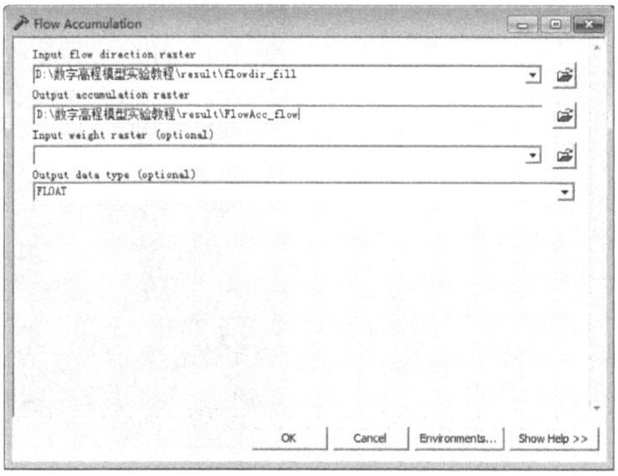

图 4-5　汇流累积量计算窗口

图 4-6　汇流累积量计算结果

（5）用重分类方法，设定汇水网络栅格。选择【Reclass】，双击【Reclassify】，弹出窗口中（图 4-7），将汇流累积量数据分成两类，一类是大于 1000，设置为 1；另一类小于 1000，设置为 NoData（图 4-8）。

（6）汇水网络分级。选择【Hydrology】，双击【Stream Order】，在弹出窗口中（图 4-9），【Input stream raster】输入汇流累积量重分类结果；【Input flow direction raster】输入水流方向数据；【Output raster】输入分级数据的文件名和路径；【Method of stream ordering（optional）】输入分级方法。ArcGIS 水文分析提供两种分级方法，分别是 STRAHLER 分级（图 4-10）和 SHREVE 分级（图 4-11）。STRAHLER 分级是指河源出发的河流为一级河流，同级的两条河流

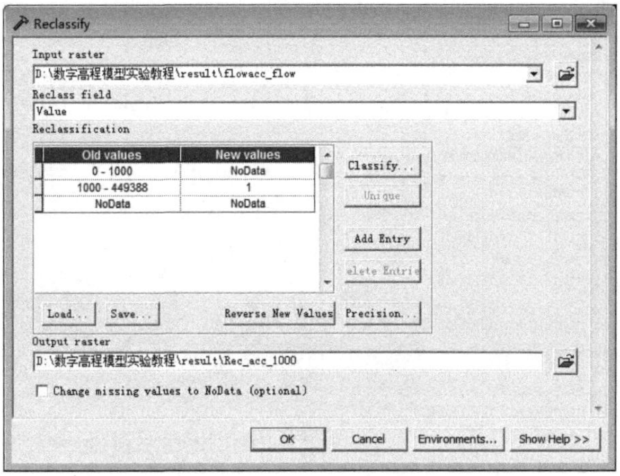

图 4-7 重分类窗口

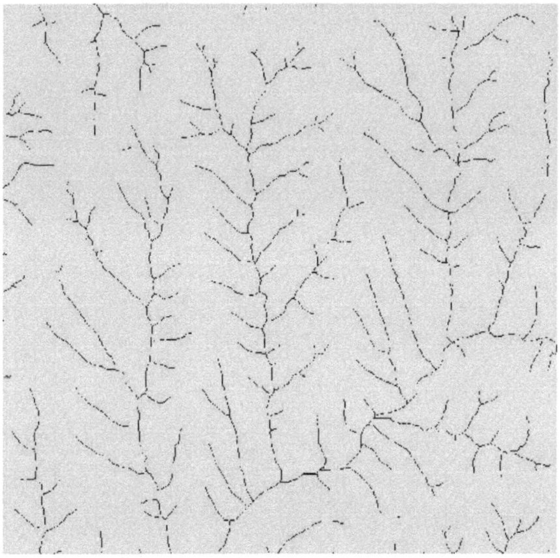

图 4-8 大于 1000 阈值的汇流累积量栅格矩阵（汇水网络矩阵）

交汇形成的河流的级别比原来增加一级，不同级的两条河流交汇形成的河流的级别等于两者中较高者。SHREVE 分级是指水系中最小的、不分叉的河流定义为一级河流，两条河流交汇形成的河流的级别为这两条河流级别的代数和。

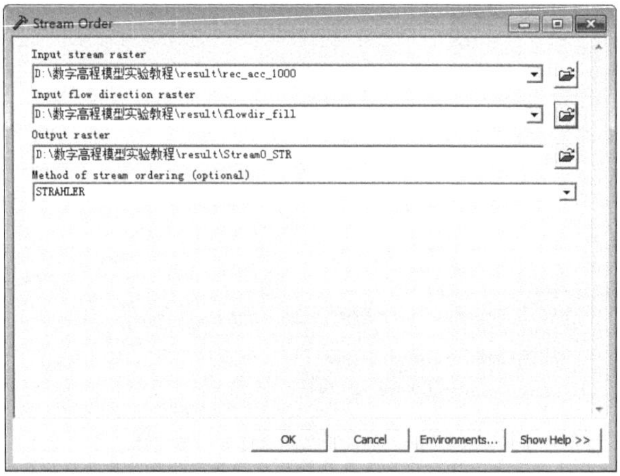

图 4-9　汇水网络分级计算窗口

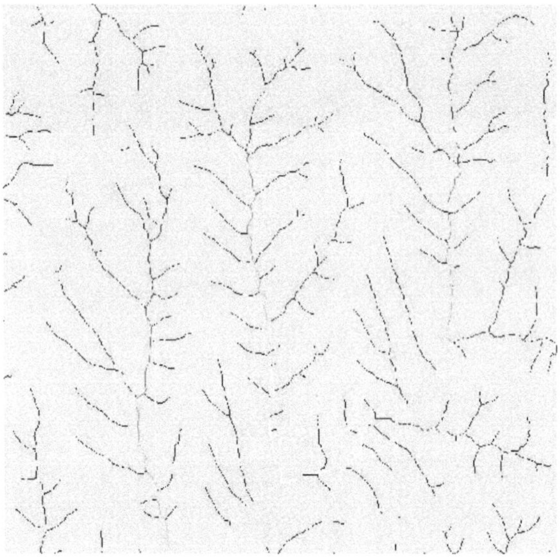

图 4-10　STRAHLER 分级结果

（7）建立汇水网络连接。选择【Hydrology】，双击【Stream Link】。在弹出窗口中（图 4-12），【Input stream raster】输入汇流累积量重分类结果；【Input flow direction raster】输入水流方向数据；【Output raster】输入 Stream Link 数据的文件名和路径。

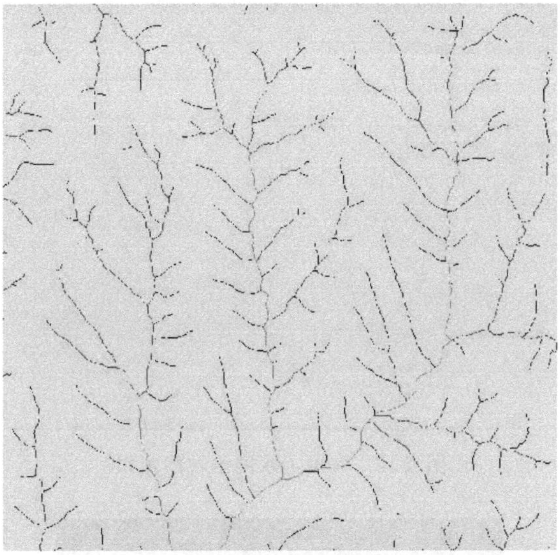

图 4-11　SHREVE 分级结果

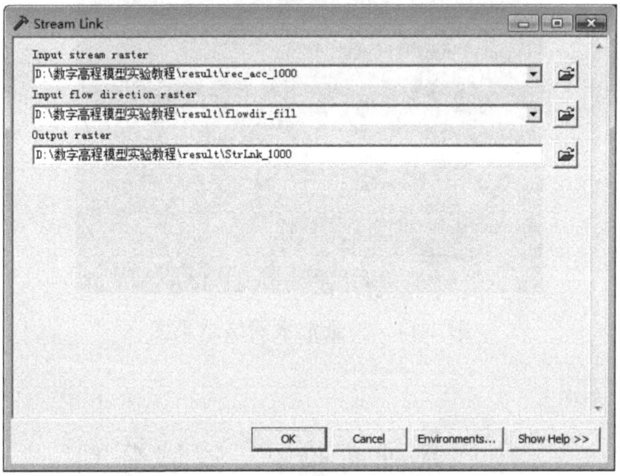

图 4-12　汇水网络 Link 计算窗口

(8) 矢量汇流网络。选择【Hydrology】，双击【Stream to Feature】(图 4-13)。【Input stream raster】输入汇水网络连接结果；【Input flow direction raster】输入水流方向数据；【Output polyline features】输入矢量汇流网络数据的文件名和路径；【Simplify polylines (optional)】指是否简化矢量线(图 4-14)。

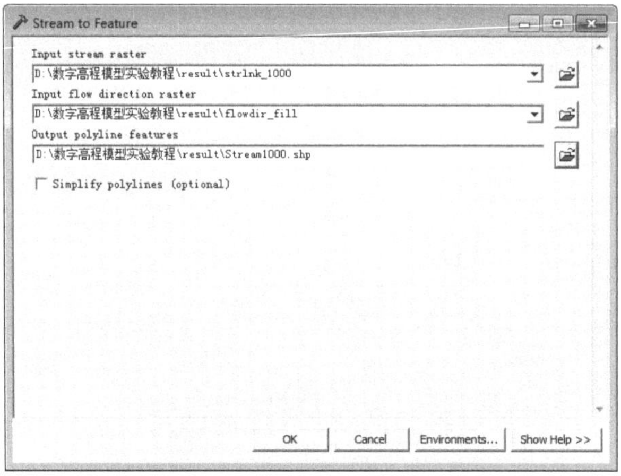

图 4-13　矢量汇水网络转换窗口

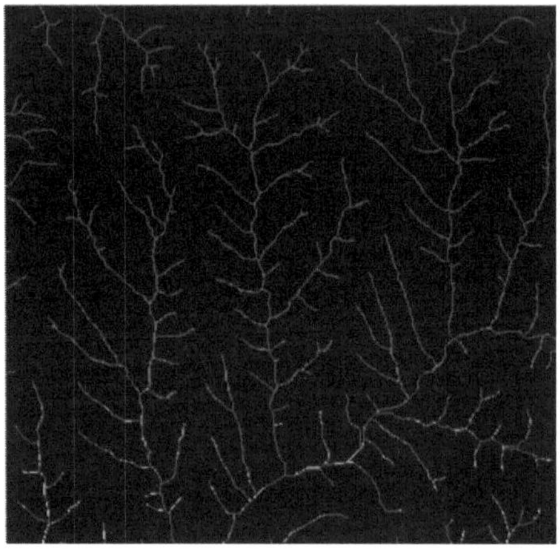

图 4-14　矢量汇水网络结果图

4.2　基础实验 2：流域分割

流域是雨水分散汇合与集中排出的区域，是由确定的分水岭所围成的有机自然地理单元，是地质灾害、水文气象灾害的承载体。流域具有明显的等级划分与尺度效应，一个流域可以按照水系等级分成数个小流域，同时该大流域又是其所在大流域的一部分。在 ArcGIS 中，基于 DEM 的流域分割主要有两种方法，一是 Basin 工具，二是 Watershed 工具。

基于 Basin 工具流域分割步骤如下：

(1) 对 DEM 洼地填充，并求取水流方向数据。

(2) 选择【Hydrology】，双击【Basin】。在弹出窗口中，【Input flow direction raster】中输入流向数据；【Output raster】中输入 Basin 计算结果的文件名与路径（图 4-15，图 4-16）。

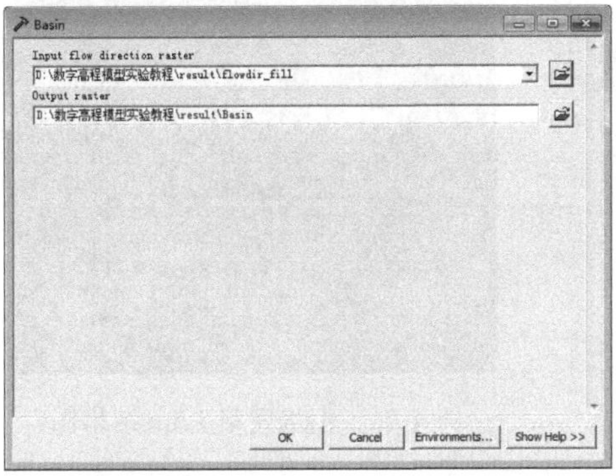

图 4-15　流域 Basin 分析窗口

图 4-16　流域 Basin 分析结果

(3) 将栅格数据转化为矢量数据。选择【ArcToolBox】，选择【Conversion Tools】，选择【From Raster】，双击【Raster to Polygon】（图 4-17），得到基于 Basin 的流域多边形（图 4-18）。

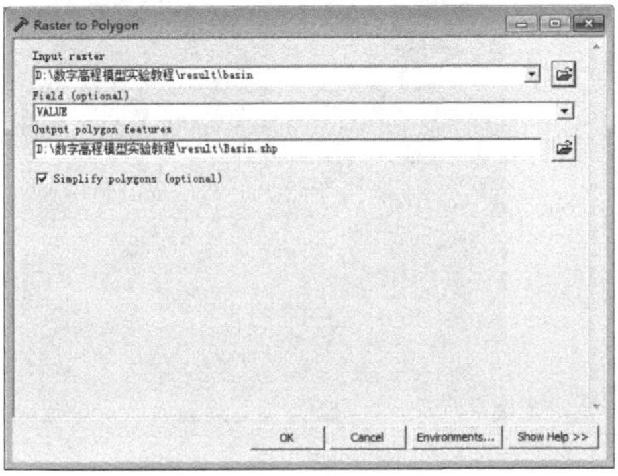

图 4-17　栅格转成矢量多边形分析窗口

图 4-18　基于 Basin 的流域多边形

基于 Watershed 工具流域分割步骤如下：

(1) 对 DEM 洼地填充，计算水流方向，计算汇流累积量，运用重分类工具，以 1000 阈值提取汇水网络栅格。

(2) 选择【Hydrology】，双击【Stream Link】，弹出窗口中，在【Input stream raster】中输入汇流累积量重分类结果；在【Input flow direction raster】

中输入水流方向数据；在【Output raster】中输入 Stream Link 数据的文件名和路径(图 4-19,图 4-20)。

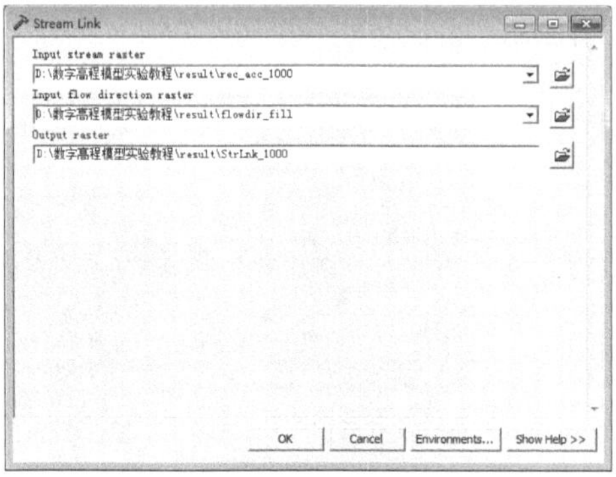

图 4-19　汇水网络 Link 计算窗口

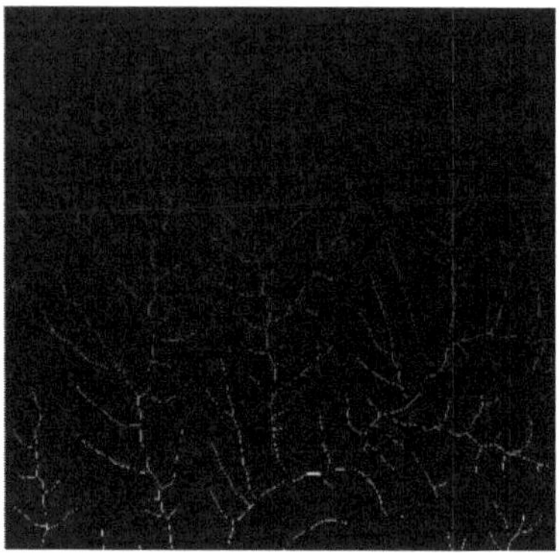

图 4-20　汇水网络 Link 结果图

(3) 双击【Watershed】，弹出窗口中，在【Input flow direction raster】中输入水流方向数据；在【Input raster or feature pour point data】中输入 Stream Link 栅格数据；在【Output raster】中输入 Watershed 流域分割结果的文件名与路径（图 4-21，图 4-22）。

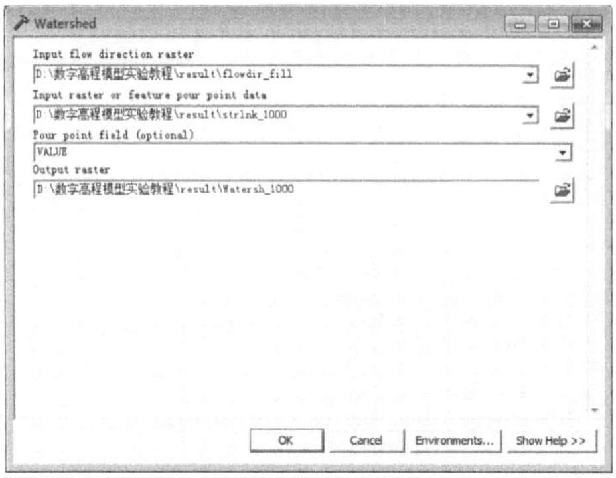

图 4-21　流域分析窗口

图 4-22　流域分析结果图（以 1000 阈值为例）

(4) 将栅格数据转化为矢量数据（图 4-23）。其中黑色部分是无数据区，即在本方法下，运用 1000 阈值无法分割的区域。

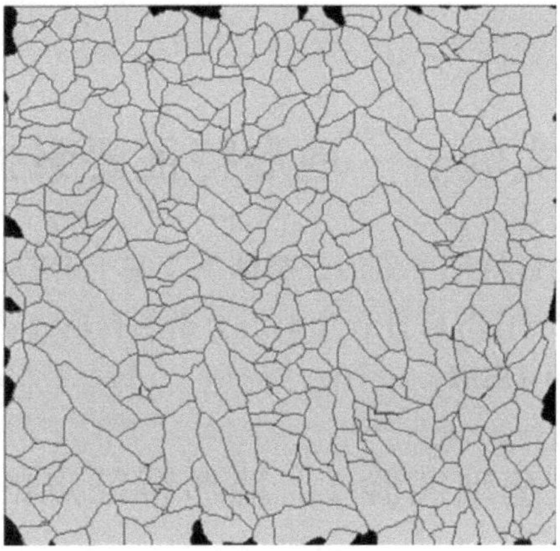

图 4-23 矢量多边形流域

4.3 自主实验：水文分析的不确定性

基于地表径流漫流模型的水文提取具有一定的不确定性。例如，采用不同的填充洼地算法，会导致洼地填充高度的不同，直接影响到水流方向的提取；在水流方向算法中，除了 ArcGIS 中的 D8 算法这类单流向算法，还有 D 无穷算法，以及其他多流向算法等，不一样的水流方向导致不一样的汇流累积量的结果；在沟谷网络提取时，设置不同的阈值也得到不同的沟谷网络。本实验主要探讨在不同阈值下，沟谷网络提取结果的不确定性。

以阈值 100，500，1000，5000，10000，50000 提取汇水网络，并将其转换为矢量线的格式，来对比其空间位置差异以及各项统计值（如支流数目、沟谷总长度、沟谷密度等）的变化。

5 实验五　地形特征要素提取

实验目的： 了解地形特征要素的分类体系及基于 DEM 的提取原理

实验要求： 熟悉 ArcGIS 软件各个地形要素的提取方法及相关空间分析

实验数据： 1∶1 万 DEM

5.1 基础实验 1：地形特征点的提取

地形特征点主要包括山顶点、鞍部点、径流节点、沟头点等。基于 DEM 的地形特征点提取主要是通过分析地形特征点的本质性质，综合运用邻域分析、叠置分析、追踪分析等方法，来区分特征点与非特征点。

1. 山顶点的提取

山顶点，顾名思义就是山的最高点。虽然从形态上说，山顶点可以分为尖山顶点、圆山顶点、平山顶点，但是仍然可以简单地认为，山顶点就是地形表面在一定范围内的高程极大点。可以根据这个定义来确定基于 DEM 的山顶点提取规则。首先，进行邻域分析，提取分析范围内的最大值作为当前栅格值；然后，运用栅格计算，将邻域分析结果减去原始 DEM，若结果为 0，则说明该栅格是分析窗口内的极大值，即山顶点。

山顶点提取方法如下：

(1) 进行邻域分析，求取最大值。选择【Spatial Analyst】工具，单击【Neighborhood Statistics】。弹出窗口中，在【Neighborhood】中选择“Maximum”，分析窗口设置为“17 * 17”。具体的分析范围根据地貌类型有所变化，地形破碎的区域，分析窗口应适当缩小，地形平坦的区域，分析窗口应适当扩大。计算结果如图 5-1 所示。

(2) 选择【Spatial Analyst】工具，单击【Raster Calculator】，输入公式“[NbrMax of dem-grid]－[dem-grid]”计算。

(3) 选择【Spatial Analyst】工具，单击【Reclassify】，重分类成两类，1 即 1，其余为 NoData（图 5-2）。

(4) 由于有平顶山的存在，使得部分区域呈现山顶点聚集状态。将栅格数据转成矢量面。选择【ArcToolBox】，选择【Conversion Tools】，选择【From Raster】，双击【Raster to Polygon】。弹出窗口中，在【Input raster】中输入局

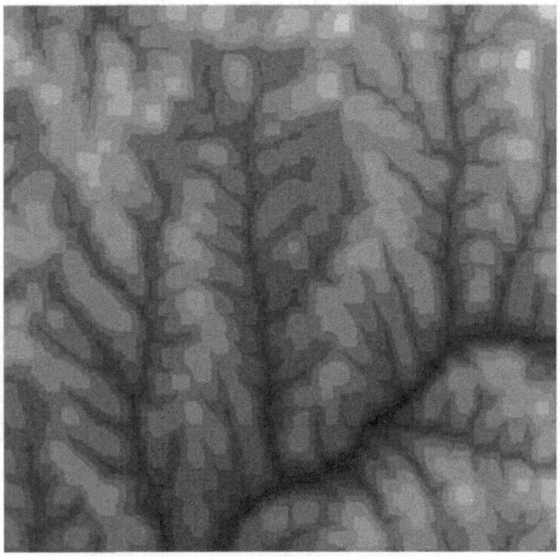

图 5-1 邻域分析结果图

图 5-2 栅格重分类结果图

部高点栅格；在【Output polygon features】中输入生成多边形的文件名与路径（图 5-3）。

（5）选择【ArcToolBox】，选择【Data Management Tools】，选择【Features】，双击【Feature To Point】。弹出窗口中，在【Input Features】中输入生成的局部高点多边形；在【Output Feature Class】中输入山顶点的文件名与路径；【Inside（optional）】指生成的点是否在对象内部（图 5-4）。计算得到转换结果，如图 5-5 所示。

（6）由于邻域分析范围为 17＊17，则边界部分生成的山顶点，其计算范围小于该分析范围面积，未必为真实山顶点，需要通过手工编辑剔除，得到最终结果（图 5-6）。

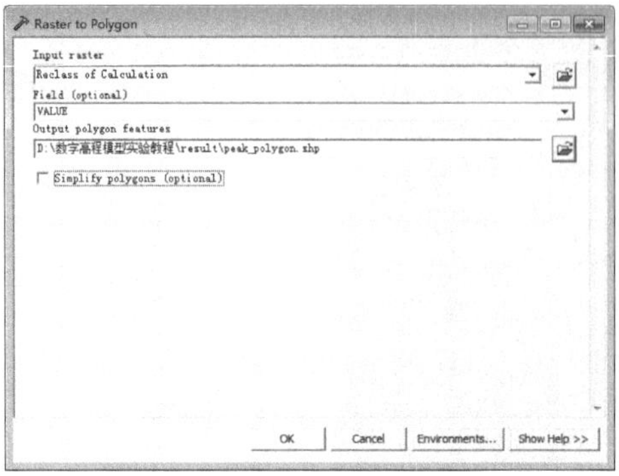

图 5-3　栅格转矢量多边形

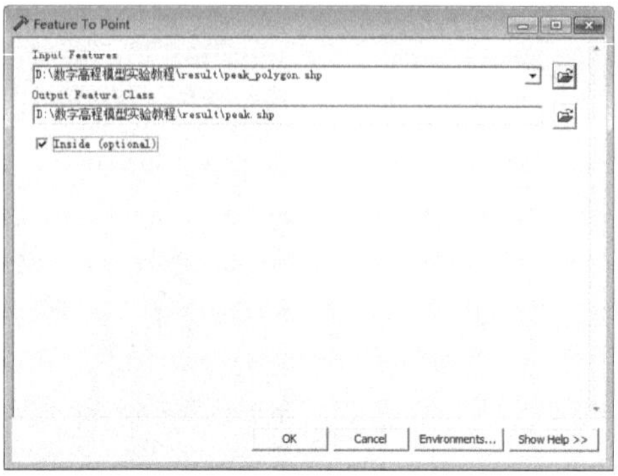

图 5-4　矢量对象转点

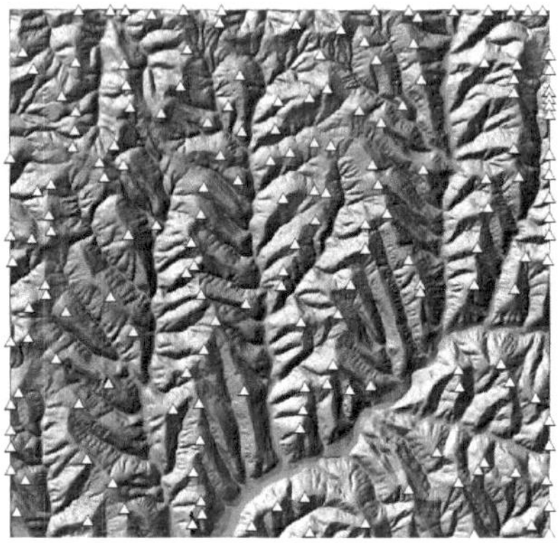

图 5-5　山顶点初步结果图

图 5-6　山顶点提取结果图

2. 鞍部点的提取

鞍部点是指在一个方向上为局部最高点，而在另一个方向为局部最低点的地形特征点，好似马鞍，故称为鞍部点。其提取思路是：首先提取局部最高的点，将山脊线提取出来；然后提取局部最低的点，将“沟谷线”提取出来；最后求两者的交集即鞍部点。

鞍部点提取步骤如下：

(1) 提取流域边界，作为局部高程点候选。提取方法见实验四中的流域分割。

(2) 将流域边界转化为栅格数据。选择【ArcToolBox】，选择【Conversion】，选择【To Raster】，双击【Polyline to Raster】。弹出窗口中，在【Input Features】中输入流域边界数据，在【Output Raster Dataset】中输入流域边界栅格数据的文件名和路径；【Cellsize (optional) 】选择与原始 DEM 一致（图 5-7）。单击【Environments】，在弹出窗口中，单击【General Settings】，在【Extent】中输入原始 DEM，得到栅格流域边界（图 5-8，图 5-9）。

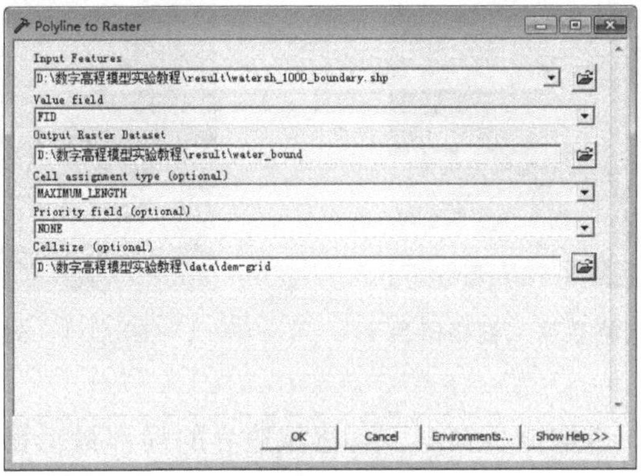

图 5-7 矢量线转栅格

(3) 进行栅格计算，使得流域边界栅格值都为 1。选择【Spatial Analyst】工具，单击【Raster Calculator】，输入公式：[water _ bound] >= 0，得到边界数据（图 5-10）。

(4) 进行栅格计算，求得流域边界高程。选择【Spatial Analyst】工具，单击【Raster Calculator】，输入公式：[Calculation] * [dem-grid]。

(5) 对流域边界高程进行邻域分析，求取最小值。选择【Spatial Analyst】工具，单击【Neighborhood Statistics】。弹出窗口中，在【Statistic Type】中选择“Minimum”，分析窗口选择“17 * 17”，获得分析结果数据（图 5-11）。

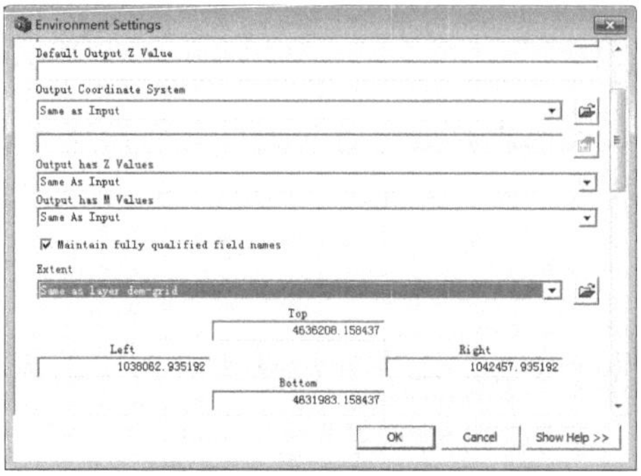

图 5-8　分析环境设置

图 5-9　流域边界栅格数据

图 5-10　流域边界栅格数据（栅格值为 1）

图 5-11　邻域分析结果图

（6）栅格计算，求取分析窗口下，流域边界的局部最低栅格。选择【Spatial Analyst】工具，单击【Raster Calculator】，输入公式：[Calculation2]－[NbrMin of Calculation2]，获得计算结果（图 5-12）。

（7）通过栅格计算，选择 0 值栅格，作为鞍部点备选点。选择【Spatial Analyst】工具，单击【Raster Calculator】，输入公式：[Calculation3] ＝＝ 0。并将结果命名为“min _ bound”。

（8）通过对原始 DEM 进行邻域分析，求取正负地形。选择【Spatial Analyst】工具，单击【Neighborhood Statistics】。弹出窗口中，在【Statistic Type】中选择“Mean”；分析窗口选择“17 * 17”，获得分析结果（图 5-13）。

（9）栅格计算，原始 DEM 减去邻域分析后的 DEM。选择【Spatial Analyst】工具，单击【Raster Calculator】，输入公式：[dem-grid]－[NbrMean of dem-

图 5-12　栅格计算结果图

图 5-13　邻域分析结果图

grid]，获得计算结果（图 5-14）。

图 5-14　栅格计算结果图

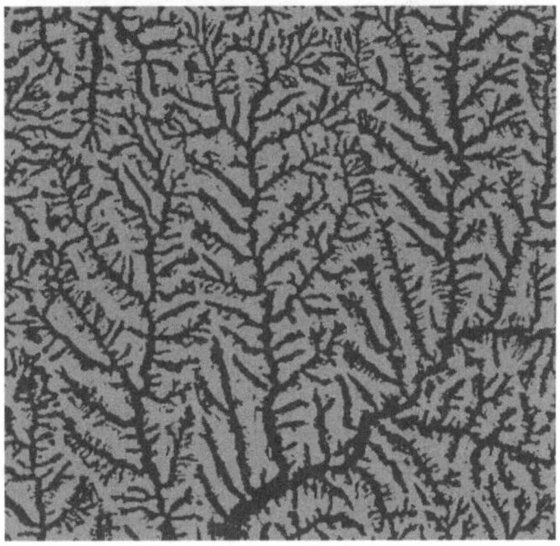

图 5-15　栅格重分类结果图

（10）对计算结果重分类。其中，大于 0 的为 1（正地形），小于 0 的为 0（负地形）。选择【Spatial Analyst】工具，单击【Reclassify】，获得栅格分类结果（图 5-15）。

（11）栅格计算，求出既是正地形，又是流域边界局部最低点的栅格。选择【Spatial Analyst】工具，单击【Raster Calculator】，输入公式：[min _ bound] * [Reclass of Calculation4]，获得计算结果（图 5-16）。

（12）打开计算结果属性表，选中结果为 1 的栅格。选择【ArcToolBox】，选择【Conversion】，选择【From Raster】，双击【Raster to Polygon】（图 5-17）。将鞍部转为矢量多边形。

（13）选择【ArcToolBox】，选择【Data Management Tools】，选择【Fea-

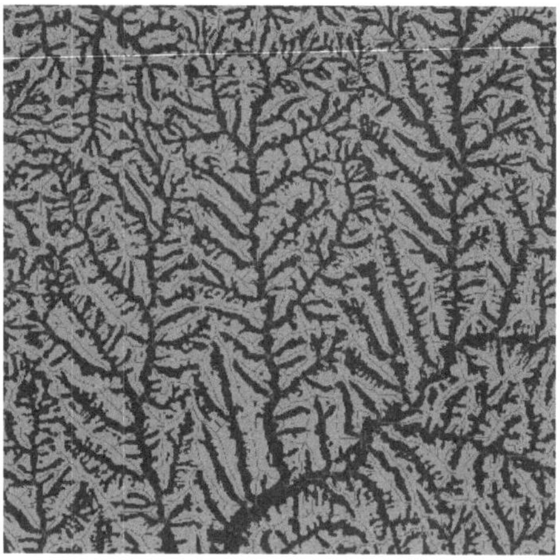

图 5-16　栅格计算结果图

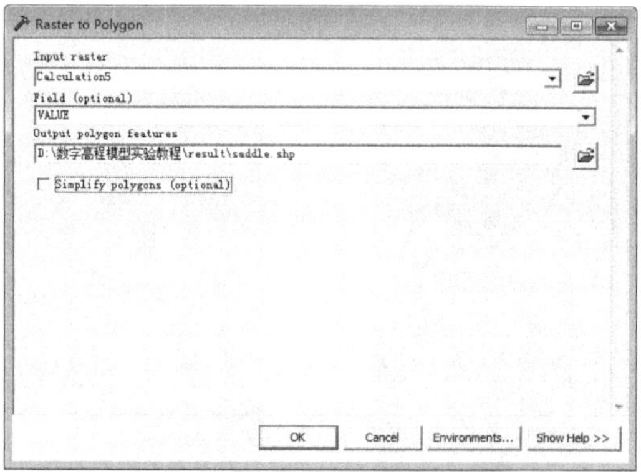

图 5-17　栅格转矢量多边形

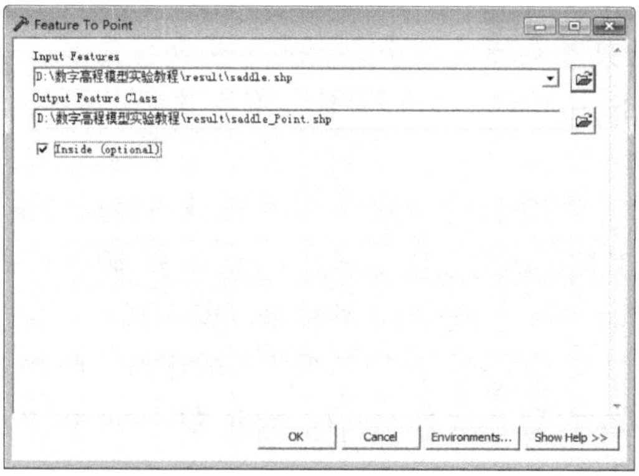

图 5-18　多边形转点

tures】，双击【Feature To Point】（图 5-18）。将多边形转成点，消除边界上的点，得到最终鞍部点（图 5-19，图 5-20）。

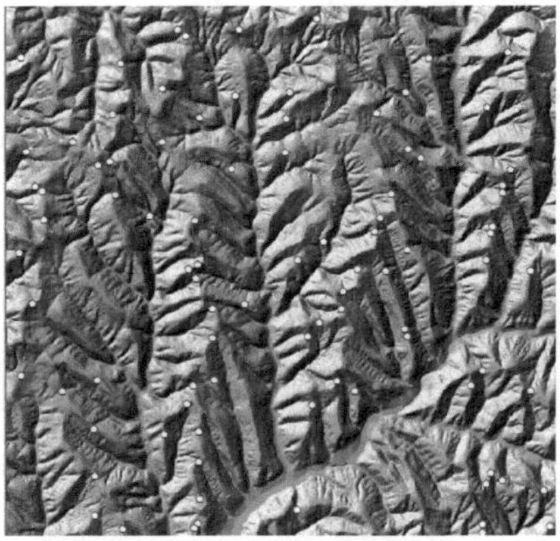

图 5-19 鞍部点提取结果图

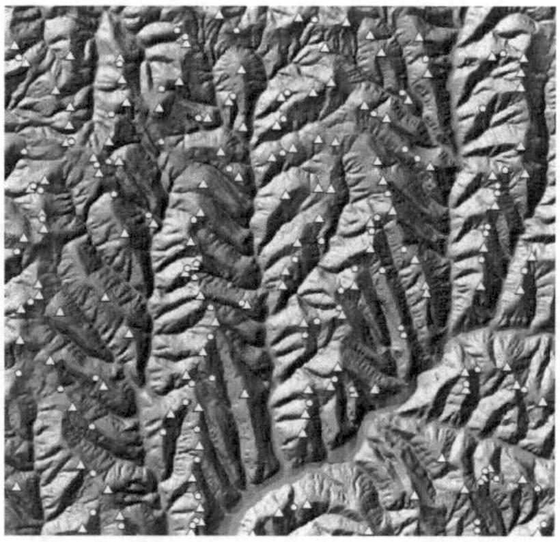

图 5-20 鞍部点与山顶点

3. 径流节点的提取

径流节点是在汇水网络中，汇水线之间在空间上形成的交汇点，是汇水网络在空间展布上的控制点，体现了汇水网络的总体结构，从一定程度上反映了汇水网络的发育态势。本教程介绍的基于 DEM 提取径流节点的原理，主要是根据 Stream Link 的特性，即每一段网络具有同样的属性值，就是说，只有在网络交汇处，其栅格值才会改变。此时通过计算其变化率，就可以简单求出径流节点。

径流节点的提取步骤如下：

（1）以 1000 阈值，提取汇水网络（具体步骤见实验四），获得汇流累积量大于 1000 的栅格。

（2）选择【ArcToolBox】，选择【Spatial Analyst Tools】，选择【Hydrology】，双击【Stream Link】。弹出窗口中，输入汇水网络栅格，水流方向数据，设定输出栅格名称和路径，得到分析结果（图 5-21）。

（3）对 Stream Link 计算变化率。选择【ArcToolBox】，选择【Spatial Analyst Tools】，选择【Surface】，双击【Slope】（图 5-22），获得汇水网络 Link 变化率数据（图 5-23）。

（4）对 Stream Link 变化率进行邻域分析，计算 3 * 3 均值。由于交汇点的变化的栅格通常情况下有 2 个或以上，而节点应该只有 1 个。通过均值计算，扩大交汇区。选择【Spatial Analyst】工具条，单击【Neighborhood Statistics】，获得分析结果（图 5-24）。

（5）栅格重分类，求取非零栅格。选择【Spatial Analyst】工具条，单击

图 5-21　汇水网络 Link 计算结果

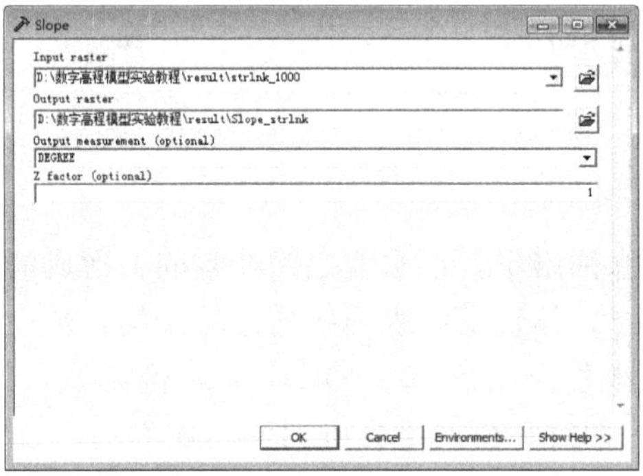

图 5-22　汇水网络 Link 值的变化率求取

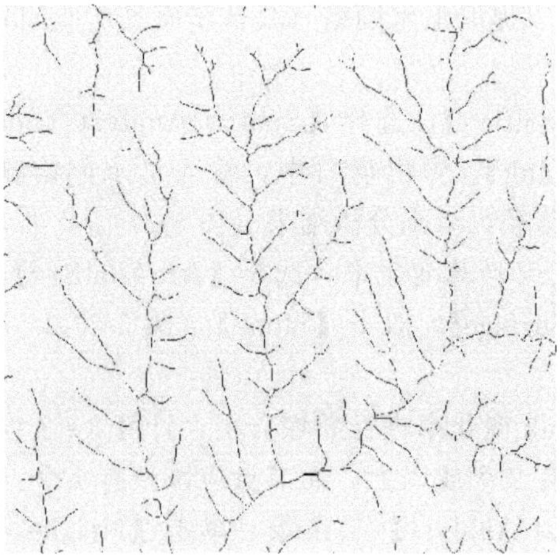

图 5-23　汇水网络 Link 值的变化率结果图

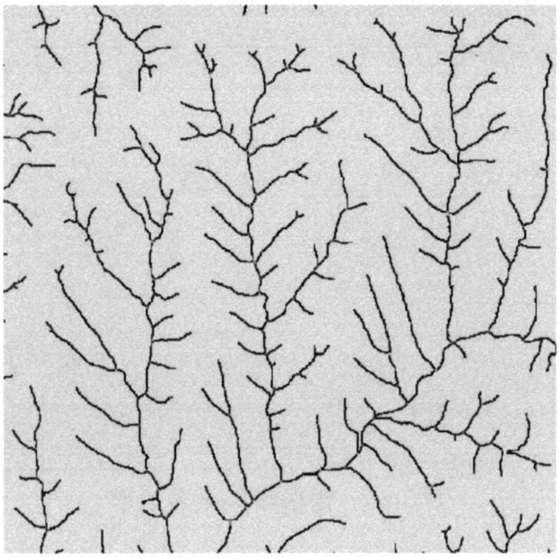

图 5-24 邻域分析结果图

【Reclassify】，获得重分类结果（图 5-25）。

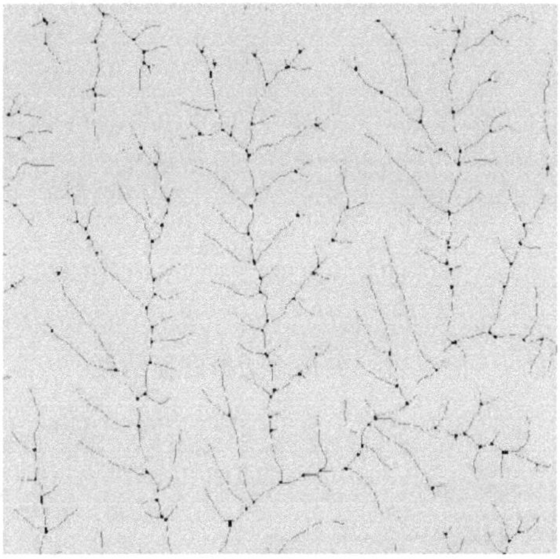

图 5-25 栅格重分类结果图

(6) 栅格转矢量面。选择【ArcToolBox】，选择【Conversion Tools】，选择【From Raster】，双击【Raster to Polygon】（图 5-26）。【Input raster】输入上一步重分类后的栅格，获得矢量多边形数据（图 5-27）。

(7) 多边形转矢量点。选择【ArcToolBox】，选择【Data Management Tools】，选择【Features】，双击【Feature To Point】（图 5-28）。得到径流节点矢量数据（图 5-29）。

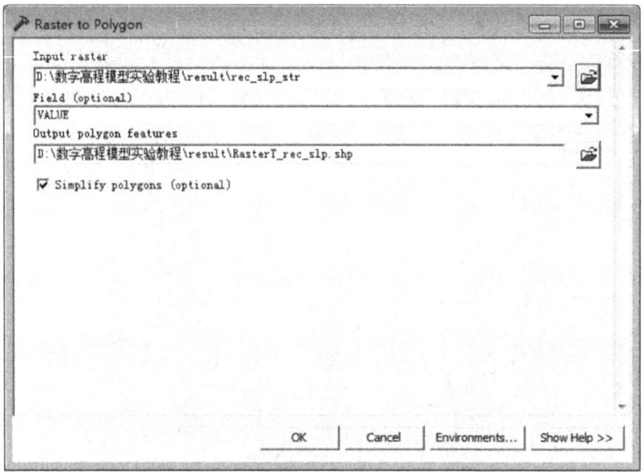

图 5-26　栅格转矢量多边形

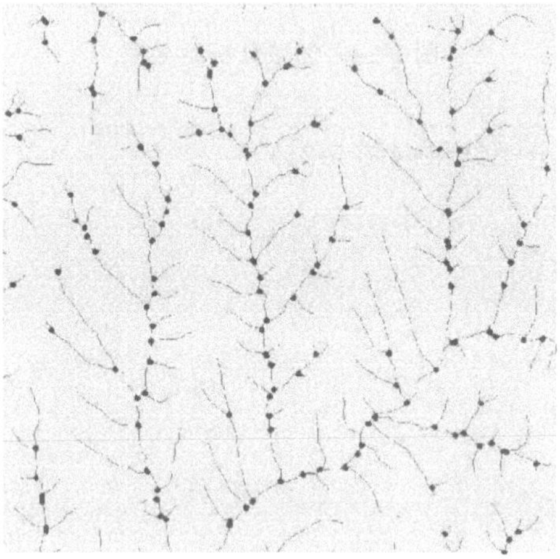

图 5-27　矢量多边形转换结果

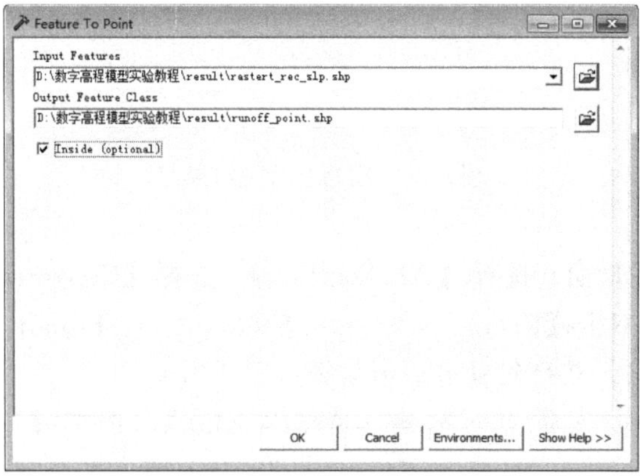

图 5-28　多边形转点

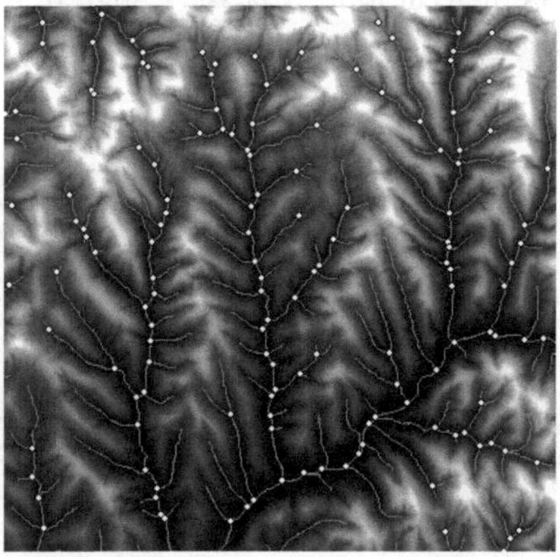

图 5-29　径流节点提取结果

5.2　基础实验 2：地形结构线的提取

地形结构线是地形起伏的骨架线，山谷线与山脊线是典型的地形结构线。山谷线其实就是汇水线，而山脊线实际上是分水线，它们对地形地貌研究和水文过程分析模拟都具有重要意义。此外，在黄土地貌区，沟沿线是一条非常重要的地形结构线。它不仅分割了正负地形，在很多情况下还是土地利用界线、土壤侵蚀方式界线等，在地貌研究、土地利用规划、水土保持治理等方面都具有不可替代的作用。汇水网络已在实验四介绍，本节主要介绍山脊线和沟沿线的提取。

1. 山脊线的提取

山脊线是分水线，是地形表面局部最高点的连接线。山脊线也具有一定的等级，大流域的分水线，其级别就较高，子流域的分水线，其级别就较低。其主要根据流域边界以及所处的坡位来综合提取。

1000 阈值的山脊线提取步骤如下：

(1) 提取 1000 阈值下的流域边界（图 5-30，具体步骤见实验四）。

(2) 邻域分析，计算平均值。选择【Spatial Analyst】工具条，单击【Neighborhood Statistics】。弹出窗口中，在【Statistic type】中选择“Mean”，分析窗口选择“17 * 17”，得到分析结果（图 5-31）。

(3) 栅格计算。选择【Spatial Analyst】工具条，单击【Raster Calculator】。输入公式：[dem-grid]－[NbrMean of dem-grid]，得到计算结果（图 5-32）。

（4）栅格重分类，区分正负地形。选择【Spatial Analyst】工具条，单击【Reclassify】，得到重分类结果（图 5-33）。

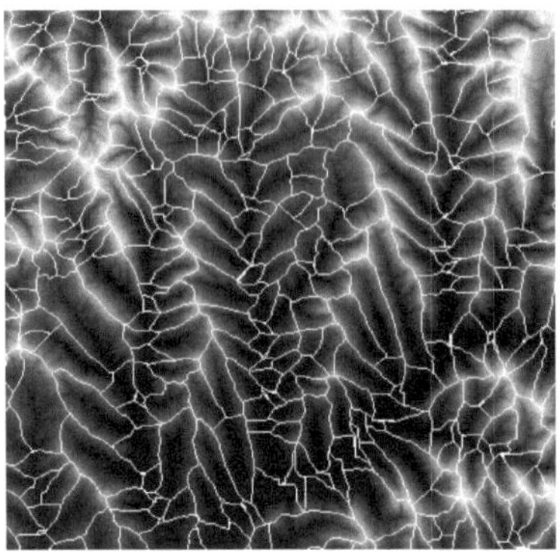

图 5-30　流域边界图

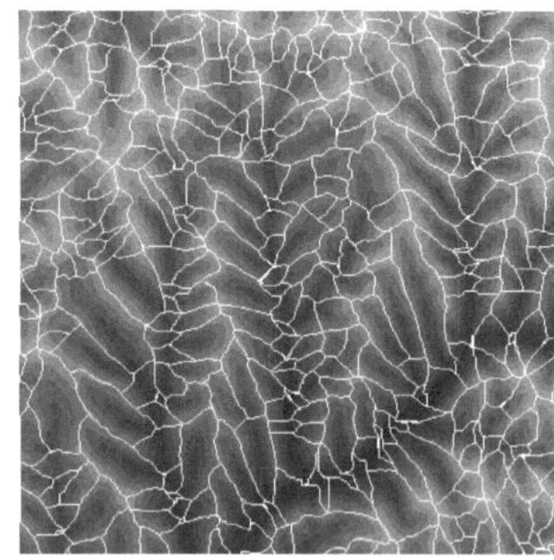

图 5-31　邻域分析结果图

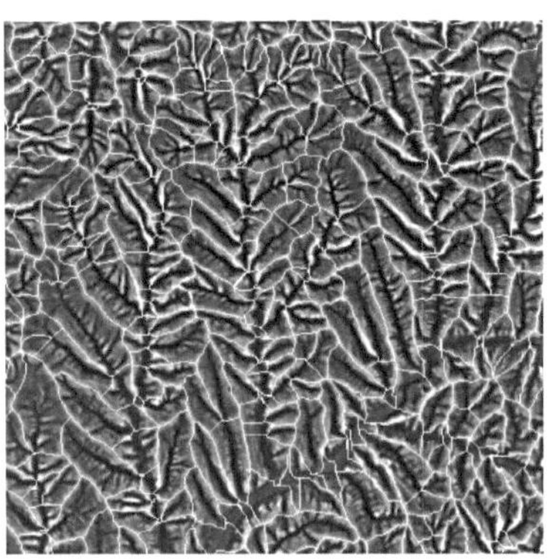

图 5-32　栅格计算结果图

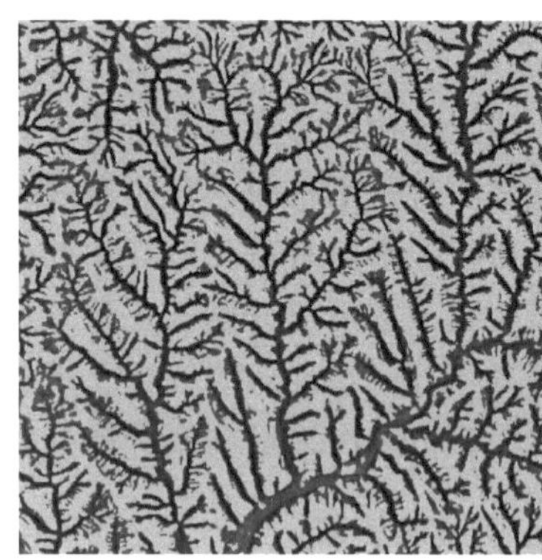

图 5-33　栅格重分类结果图

（5）正地形矢量多边形生成。选择【ArcToolBox】，选择【Conversion】，选择【From Raster】，双击【Raster to Polygon】（图 5-34），得到正地形矢量多边形（图 5-35）。

（6）提取山脊线。选择【ArcToolBox】，选择【Analysis Tools】，选择【Extract】，双击【Clip】（图 5-36）。在【Input Features】中输入流域边界线文件名与路径；在【Clip Features】中输入正地形矢量多边形文件名与路径；在【Output Feature Class】中输入山脊线的文件名与路径，得到山脊线提取结果（图 5-37）。

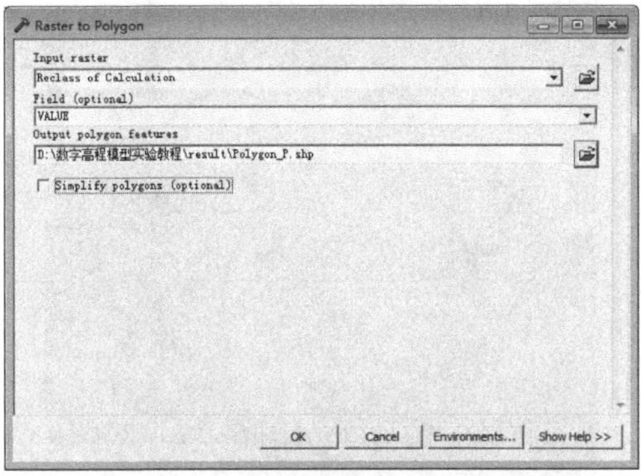

图 5-34 栅格转矢量多边形

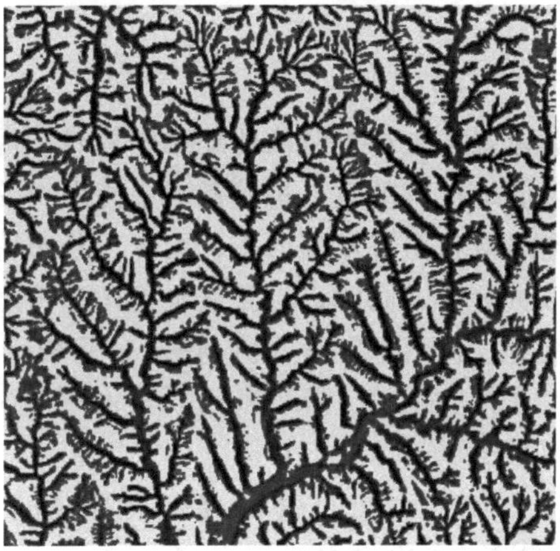

图 5-35 转换多边形结果图

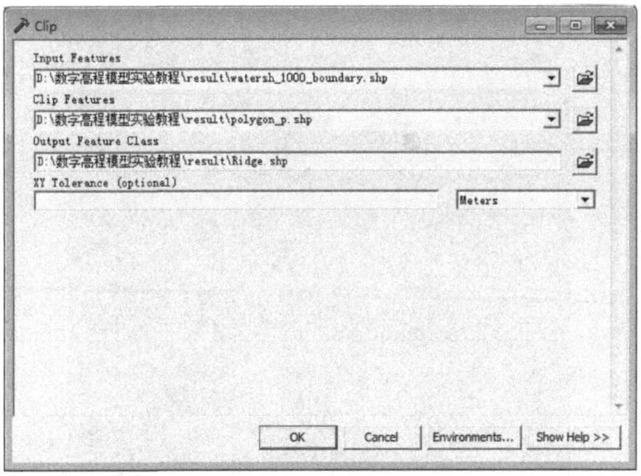

图 5-36 裁剪分析

图 5-37　山脊线提取结果

2. 沟沿线的提取

沟沿线是一条最能体现黄土地貌特征的地形结构线，沟沿线所分割的沟间地和沟谷地交错分布，形成了独特的黄土地貌景观。沟沿线的形态、级别、空间展布、发育趋势映射着沟间地和沟谷地的形态、组合、分布特征及变化规律，直观地展现了黄土地貌的区域差异。同时，沟沿线也是构建黄土高原丘陵沟壑地区土壤侵蚀、泥沙搬运和径流过程的空间分布式机理-过程模型时，需要考虑的关键地形结构要素。

沟沿线的快速提取步骤如下：

(1) 邻域分析，计算平均值。选择【Spatial Analyst】工具条，单击【Neighborhood Statistics】。弹出窗口中，在【Statistic type】中选择“Mean”，分析窗口选择“17 * 17”，得到分析结果（图 5-38）。

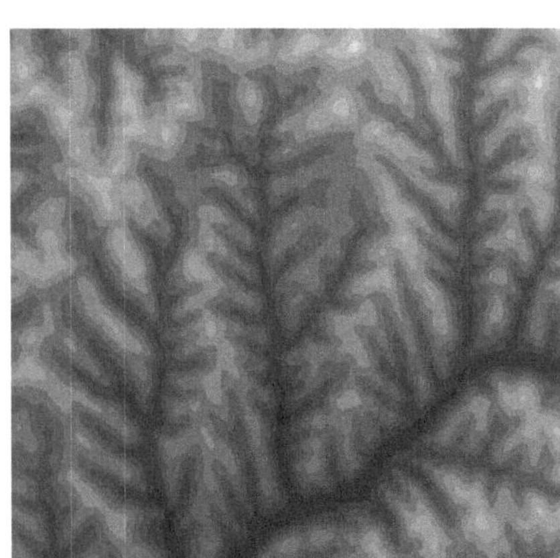

图 5-38　邻域分析结果图

(2) 栅格计算。选择【Spatial Analyst】工具条，单击【Raster Calculator】。输入公式：[dem-grid]－[NbrMean of dem-grid]，得到计算结果（图 5-39）。

图 5-39　栅格计算结果图

(3) 栅格重分类，区分正负地形。选择【Spatial Analyst】工具条，单击【Reclassify】，得到重分类结果（图 5-40）。

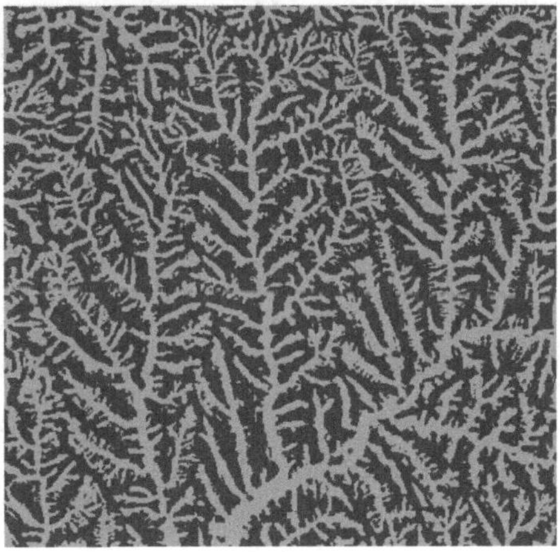

图 5-40　栅格重分类结果图

(4) 对重分类结果洼地填充，消除正地形内部的负地形。实际上，正地形内部应该都是正地形，所存在的负地形栅格多是一些细碎的小多边形。选择【ArcToolBox】，选择【Spatial Analyst Tools】，选择【Hydrology】，双击【Fill】，获得分析结果（图 5-41）。

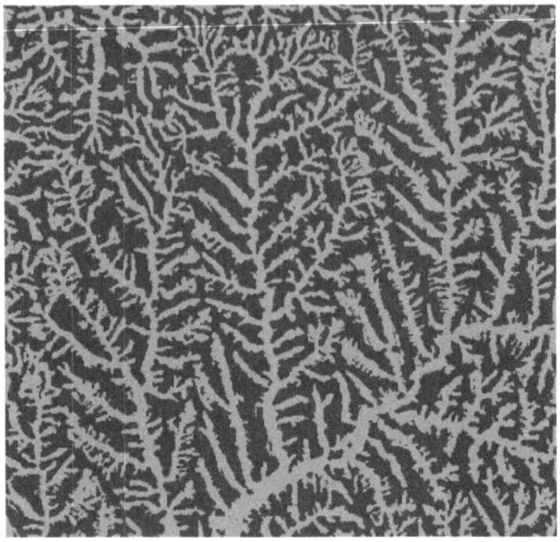

图 5-41　洼地填充结果图

（5）选中正地形，将其转化为多边形。打开栅格数据属性表，选中栅格值为 1 的栅格。选择【ArcToolBox】，选择【Conversion】，选择【From Raster】，双击【Raster to Polygon】（图 5-42），得到正地形矢量多边形（图 5-43）。

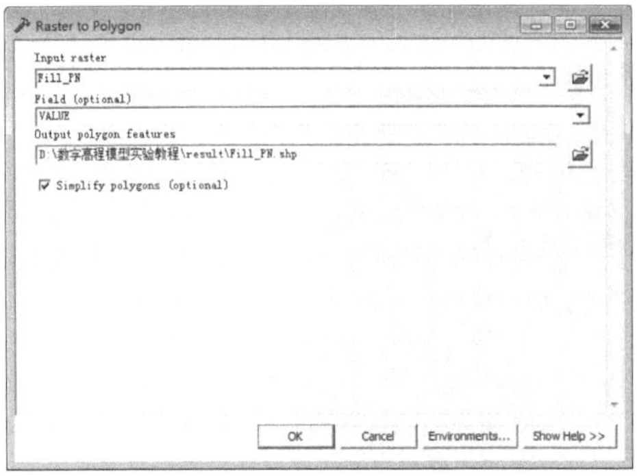

图 5-42　栅格转矢量多边形

图 5-43　矢量多边形转换结果图

（6）计算多边形面积。打开正地形矢量面数据属性表，单击【Options】，单击【Add Field】，增加一个字段，命名为“Area”，类型为“Float”；右击“Area”字段，选择【Calculate Geometry】；【Property】选择“Area”，添加面积属性（图 5-44），得到更新后的矢量数据属性表（图 5-45）。

（7）根据面积，去除细碎多边形。选择【Editor】工具条，单击【Start Editing】，在属性表中，右击“Area”字段，从小到大排列面积，选中面积小于 250（10 个栅格）的多边形（图 5-46），删除，并保存编辑（图 5-47）。

（8）将多边形转为矢量线。选择【ArcToolBox】，选择【Data Management

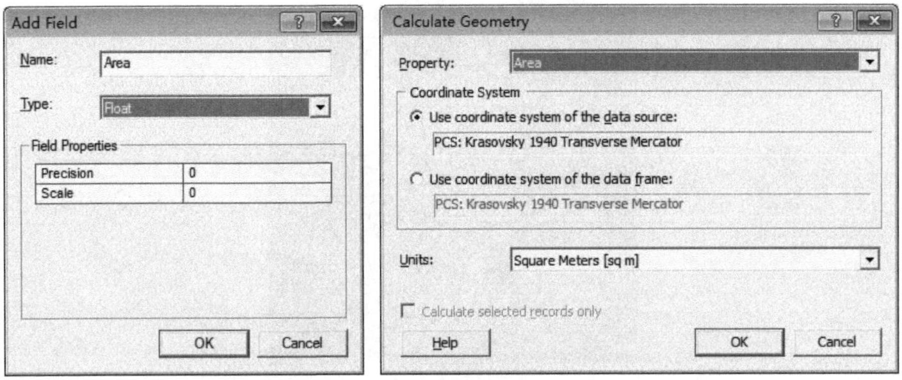

图 5-44　属性表添加字段

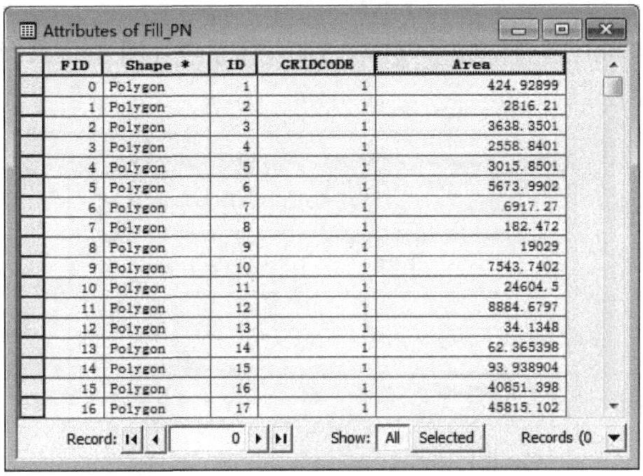
Attributes of Fill_PN

FID	Shape *	ID	GRIDCODE	Area
0	Polygon	1	1	424.92899
1	Polygon	2	1	2816.21
2	Polygon	3	1	3638.3501
3	Polygon	4	1	2558.8401
4	Polygon	5	1	3015.8501
5	Polygon	6	1	5673.9902
6	Polygon	7	1	6917.27
7	Polygon	8	1	182.472
8	Polygon	9	1	19029
9	Polygon	10	1	7543.7402
10	Polygon	11	1	24604.5
11	Polygon	12	1	8884.6797
12	Polygon	13	1	34.1348
13	Polygon	14	1	62.365398
14	Polygon	15	1	93.938904
15	Polygon	16	1	40851.398
16	Polygon	17	1	45815.102

Record: 0　Show: All Selected　Records (0

图 5-45　增加面积属性后的属性表

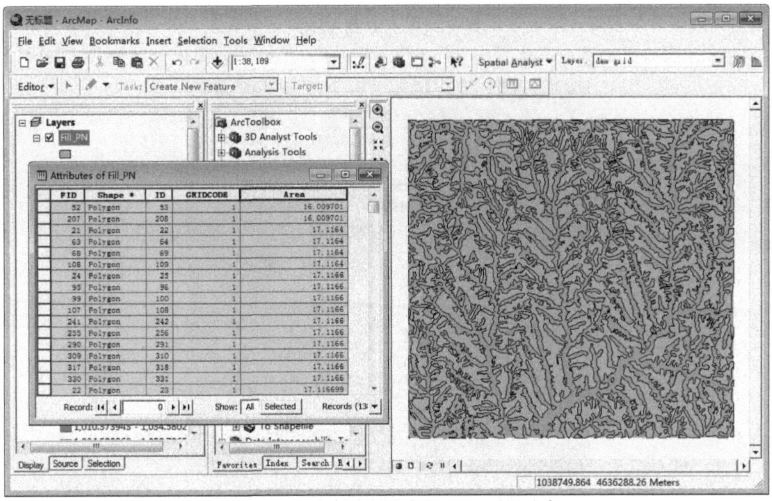

图 5-46　选择面积小于 250 的对象

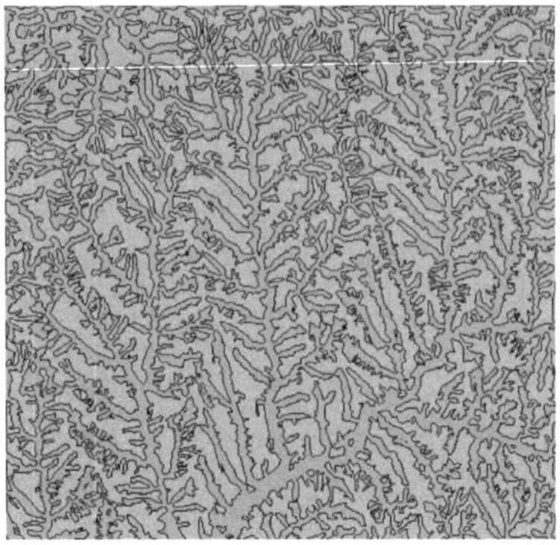

图 5-47　正地形多边形结果图

Tools】，选择【Features】，双击【Feature to Line】（图 5-48），得到沟沿线（图 5-49）。

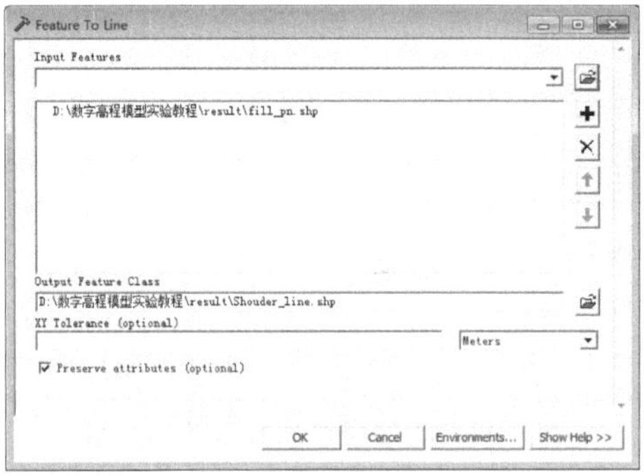

图 5-48　矢量转线

图 5-49　沟沿线提取结果图

5.3 基础实验 3：基于坡面形态要素的地形分割

基于坡面形态要素的地形分割，实际上是对地表坡面的划分。Ruhe 根据坡面几何形态特征将坡面分为 9 种类型，这 9 种类型分别是平、凹、凸在水平与垂直方向上的组合；此外还存在一种平缓坡，即平地（图 5-50）。根据各种坡形的形态，可以得到其平面曲率和剖面曲率特征，据此对地形表面进行划分。

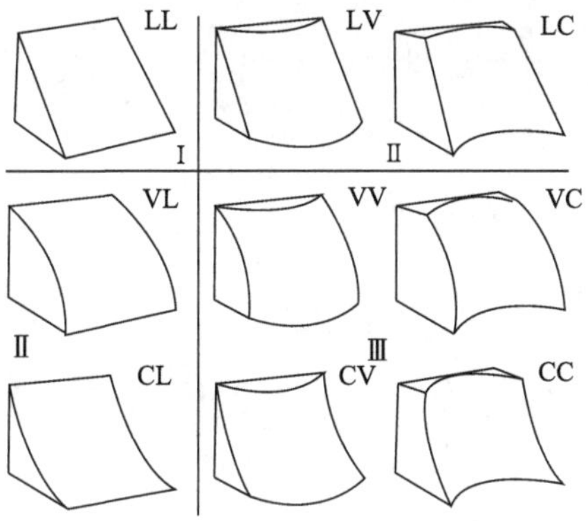

图 5-50 坡面几何形态分类

在 ArcGIS 中，分别基于 3 * 3 分析窗口计算 DEM 的坡度、平面曲率和剖面曲率，根据其分类规则（表 5-1），对 DEM 分类，实现地形分割。

表 5-1 坡面形态类型及其几何特征（ND 为未定义）

坡面类型	平面曲率特征	剖面曲率特征	坡度特征
LL	=0	=0	>3
LV	>0	=0	>3
LC	<0	=0	>3
VV	>0	>0	>3
VL	=0	>0	>3
VC	<0	>0	>3
CC	<0	<0	>3
CV	>0	<0	>3
CL	=0	<0	>3
Flat	ND	ND	≤3

其具体步骤如下：

(1) 分别基于 DEM 计算坡度、平面曲率和剖面曲率（具体方法见实验三）。

(2) 提取平地。选择【Spatial Analyst】工具栏，选择【Raster Calculator】，弹出窗口中输入公式：Flat = [slope _ dem] <= 3。得到平地提取结果（图 5-51）。

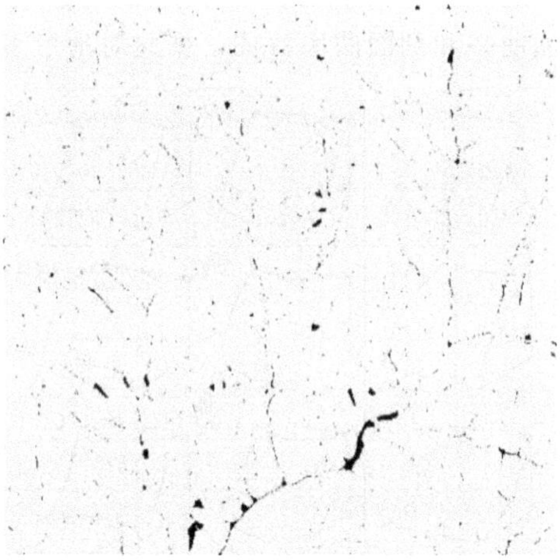

图 5-51 平地提取结果图

(3) 提取 LL 坡。选择【Spatial Analyst】工具栏，选择【Raster Calculator】，弹出窗口中输入公式：LL = [plan] == 0 & [profile] == 0 & [slope _ dem] > 3。获得 LL 坡提取结果（图 5-52）。

图 5-52 LL 坡提取结果图

（4）提取 LV 坡。选择【Spatial Analyst】工具栏，选择【Raster Calculator】，弹出窗口中输入公式：LV = [plan] > 0 & [profile] == 0 & [slope _ dem] >3。获得 LV 坡提取结果（图 5-53）。

图 5-53　LV 坡提取结果图（只有一个栅格）

（5）提取 LC 坡。选择【Spatial Analyst】工具栏，选择【Raster Calculator】，弹出窗口中输入公式：LC = [plan] <0 & [profile] ==0 & [slope _ dem] >3。获得 LC 坡提取结果（图 5-54）。

图 5-54　LC 坡提取结果图（只有一个栅格）

（6）提取 VV 坡。选择【Spatial Analyst】工具栏，选择【Raster Calculator】，弹出窗口中输入公式：LC = [plan] >0 & [profile] >0 & [slope_dem] >3。获得 VV 坡提取结果（图 5-55）。

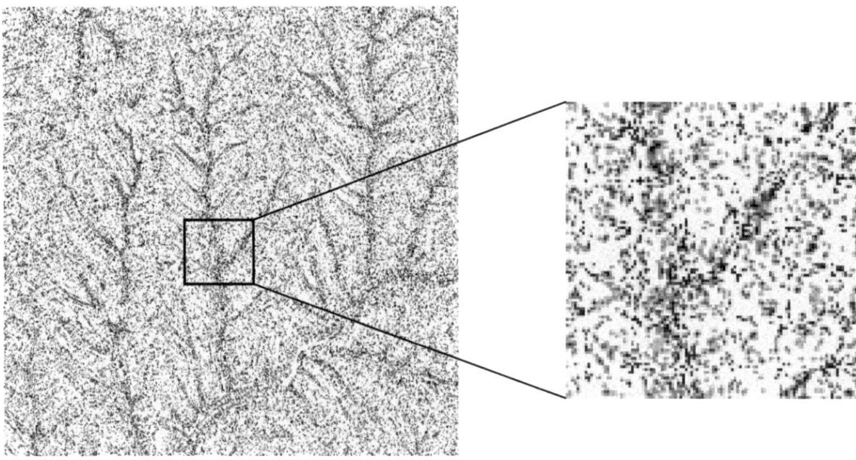

图 5-55　VV 坡提取结果图

（7）提取 VL 坡。选择【Spatial Analyst】工具栏，选择【Raster Calculator】，弹出窗口中输入公式：VL = [plan] ==0 & [profile] >0 & [slope_dem] >3。获得 VL 坡提取结果（图 5-56）。

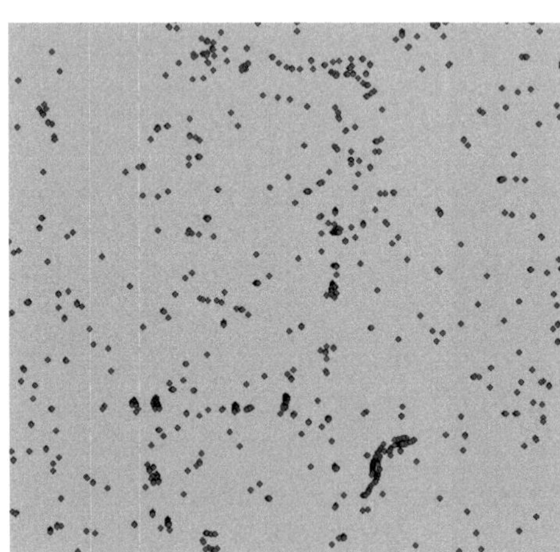

图 5-56　VL 坡提取结果图

（8）提取 VC 坡。选择【Spatial Analyst】工具栏，选择【Raster Calculator】，弹出窗口中输入公式：VC = [plan] <0 & [profile] >0 & [slope _ dem] >3。获得 VC 坡提取结果（图 5-57）。

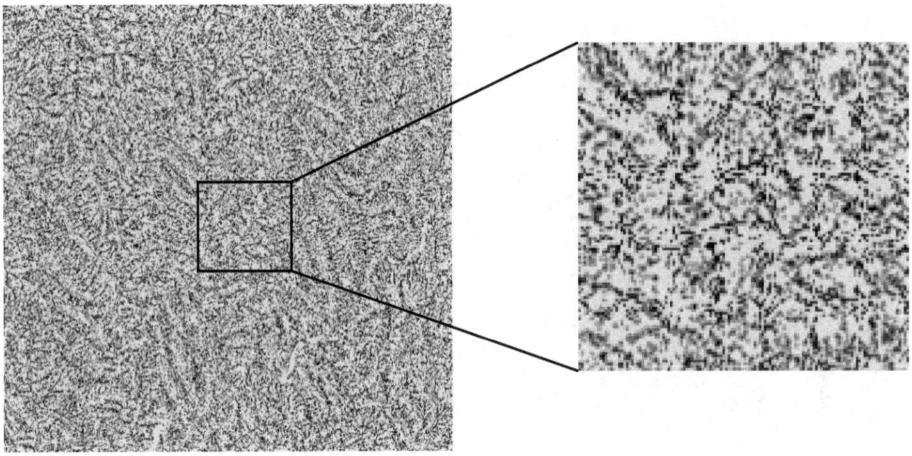

图 5-57　VC 坡提取结果图

（9）提取 CC 坡。选择【Spatial Analyst】工具栏，选择【Raster Calculator】，弹出窗口中输入公式：CC = [plan] <0 & [profile] <0 & [slope _ dem] >3。获得 CC 坡提取结果（图 5-58）。

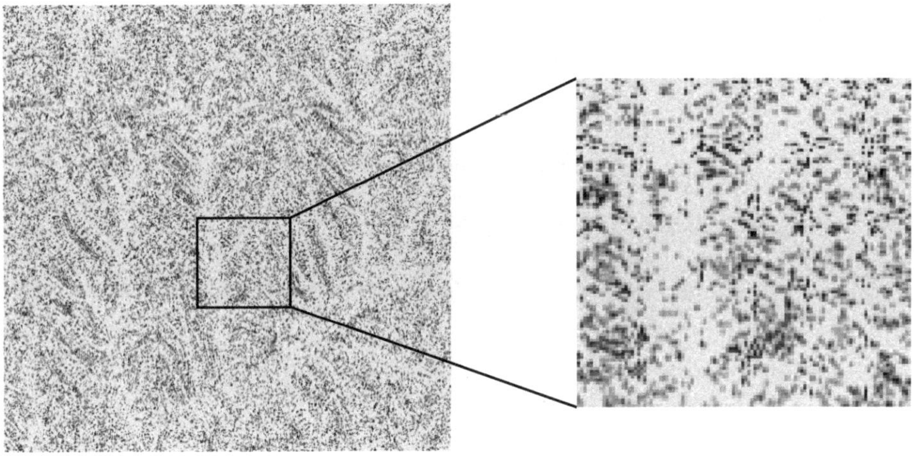

图 5-58　CC 坡提取结果图

（10）提取 CV 坡。选择【Spatial Analyst】工具栏，选择【Raster Calculator】，弹出窗口中输入公式：CV = [plan] >0 & [profile] <0 & [slope_dem] >3。获得 CV 坡提取结果（图 5-59）。

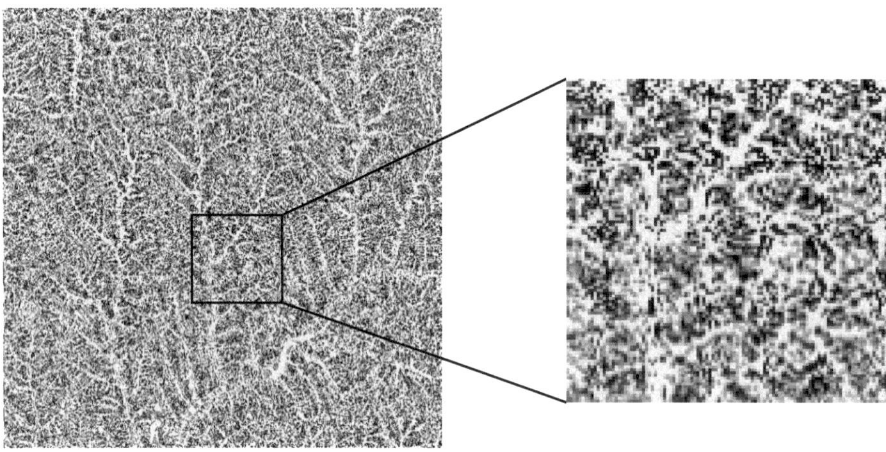

图 5-59　CV 坡提取结果图

（11）提取 CL 坡。选择【Spatial Analyst】工具栏，选择【Raster Calculator】，弹出窗口中输入公式：CL = [plan] == 0 & [profile] <0 & [slope_dem] >3。获得 CL 坡提取结果（图 5-60）。

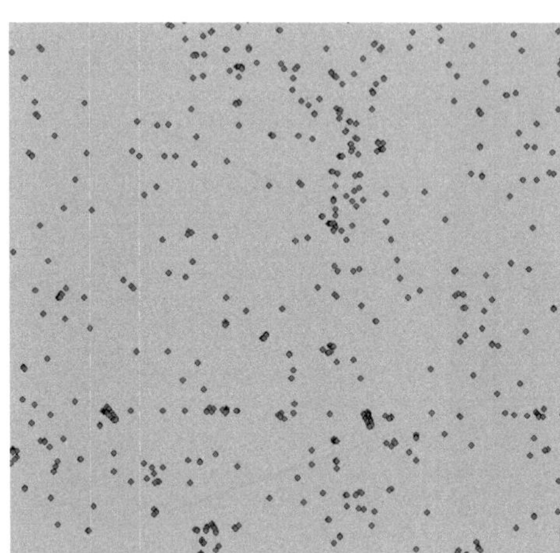

图 5-60　CL 坡提取结果图

（12）综合分析区域。选择【Spatial Analyst】工具栏，选择【Raster Calculator】，弹出窗口中输入公式：[CC] *1+ [CL] *2+ [CV] *3+ [LC] *4+ [LL] *5+ [LV] *6+ [VC] *7+ [VL] *8+ [VV] *9+ [Flat] *10。获得坡面形态的地形分割结果（图 5-61）。

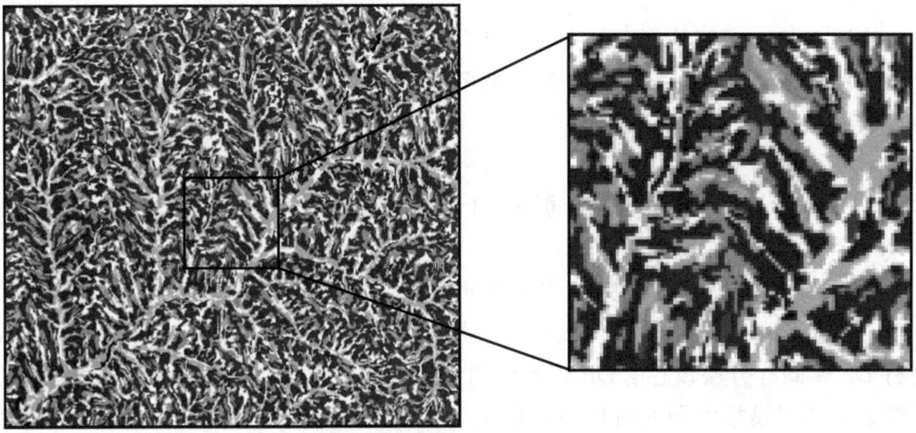

图 5-61　坡形提取分布结果图（其中 [CC] =1，[CL] =2，[CV] =3，[LC] =4，[LL] =5，[LV] =6，[VC] =7，[VL] =8，[VV] =9，[Flat] =10）

5.4　自主实验：流域地形特征点簇的建立及应用

实验思路：流域地形特征点簇是一个流域中，由一组对该流域的发育具有重要控制作用的（如沟谷源点、侵蚀基准点）及对流域整体形态特征具有重要控制作用的一系列点（如径流节点、山顶点、鞍部点等）的集合。本实验以某个小流域 5 m 分辨率为数据源，根据前述方法提取该流域的各类地形特征点，其中沟谷源点和侵蚀基准点要求学生自行查询有关资料并设计算法来提取。提取完成后分析各类点的空间分布特征及其对流域地形的描述作用。

6 实验六 DEM 可视化

实验目的： 了解地形可视化的基本原理

实验要求： 熟悉 ArcGIS 中各类地形可视化分析工具

实验数据： 1∶1 万 DEM

6.1 基础实验 1：DEM 地形渲染

DEM 地形渲染是通过特殊的设置来改变 DEM 的显示效果，进而达到更为直观认知地形的目的。除了传统的细节层次模型（LOD）以外，DEM 地形渲染还有 DEM 高程分层设色、DEM 光照阴影等方法。DEM 光照阴影方法又称地形晕渲，它通过模拟太阳光对地面照射所产生的光影明暗程度，并用相应的灰度色调或色彩输出，达到地形明暗对比表达的效果。

1. DEM 高程分层设色

DEM 高程分层设色是采用 DEM 的高程作为渲染色彩或灰度时的计算依据，在不同的高程带内，采用不同的色彩或者灰度来表达 DEM 所刻画的地表形态特征。选择好的分层设色色阶，有助于认识地形高低起伏的渐变特征。依据所采用的分层设色色阶的不同，DEM 高程分层设色又可以分为基于 DEM 高程的分带设色方法和基于 DEM 高程的灰度影像方法两种。

采用 ArcGIS 进行 DEM 高程分层设色的步骤如下：

(1) 准备用于 DEM 高程分层设色分析的 DEM 数据。

(2) 在 DEM 数据的【Properties】属性框中，选择【Symbology】选项卡，在【Symbology】选项卡的【Show】栏目中选择【Sketched】条目，在对应的【Color Ramp】中选择一个用于 DEM 高程分层设色的颜色列表（图 6-1）。

(3) DEM 分层设色的颜色有多种类型，单一颜色（单一彩色、灰色），多种颜色（高程从小到大，依次对应着不同的高程，中间通过渐变的方式创建中间的过渡颜色）。

(4) 点击【OK】，即得到 DEM 分层设色图（图 6-2）。

(5) 选择不同的颜色列表，观察 DEM 显示效果的变化。

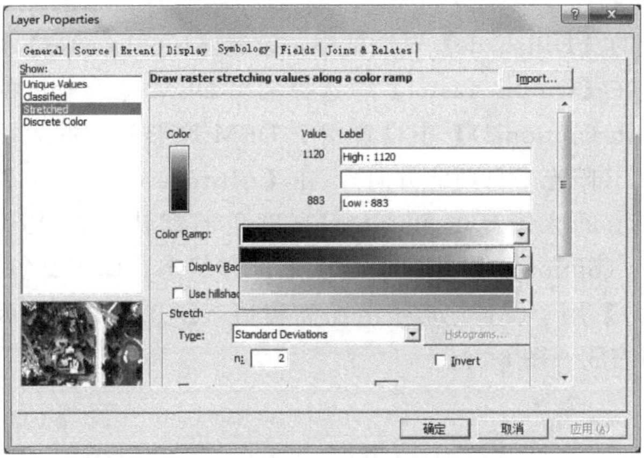

图 6-1 【TOC】中打开的 DEM 属性窗口

图 6-2 DEM 分层设色图

2. DEM 地形晕渲

地形晕渲方法又称地貌晕渲法，是通过模拟太阳光对地面照射所产生的明暗程度，并用相应灰度色调或色彩输出，得到地形随光照的近似连续变化色调图。该方法突出了地形的局部明暗对比，对地貌的形态、起伏与分布等特征的显示具有一定的立体感，符合人类视觉对于地表形态起伏的直观认知。

采用 ArcGIS 进行 DEM 地形晕渲的步骤如下：

(1) 准备用于 DEM 地形晕渲的数据（DEM1）。

(2) 打开【ArcToolBox】，选择【Spatial Analyst Tools】，选择【Surface】，

双击【Hillshade】。

(3) 在打开的【Hillshade】对话框中，设置【Input raster】为用于地形晕渲的 DEM 数据，在【Output raster】中选择输出 DEM 地形晕渲的存储路径与名称，在【Azimuth (optional)】中设置用于 DEM 地形晕渲的太阳方位角，程序的默认值为 315°（阳光来自西北方向），在【Altitude (optional)】中设置用于计算 DEM 地形晕渲的太阳高度角，太阳高度角的默认值为 45°，通常情况下，【Model shadows (optional)】复选框处于未选择状态，即不计算阴影效果。【Z factor (optional)】用于设置地形晕渲的高程值（Z 方向）缩放因子，程序的默认值为 1，即不缩放（图 6-3）。

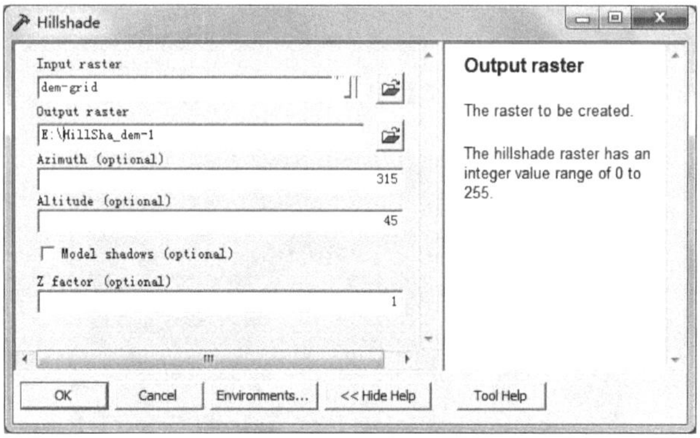

图 6-3　Hillshade 工具对话框

(4) 点击【OK】，即可得到 DEM 地形晕渲的结果图（图 6-4）。

图 6-4　DEM 地形晕渲的结果图

3. DEM 地形组合晕渲

将 DEM 地形分层设色和 DEM 地形晕渲结合起来，能够更为直观细腻地刻画地形特征。这种结合多种地形渲染方法的优势、达到 DEM 增强显示的方法称为 DEM 地形组合晕渲方法。DEM 地形组合晕渲方法能够保证在单一晕渲方法增强显示的基础上，实现对中增强显示晕渲方法优势结合的目的，能够更好地为 DEM 地形特征的展示提供方法。由于该方法集合了多源数据增强显示的优势，具有较强灵活性和表现力，越来越受到地学研究人员的重视。

采用 ArcGIS 进行 DEM 地形组合晕渲的步骤如下：

(1) 准备用于 DEM 地形组合晕渲的数据（DEM1）。

(2) 打开【ArcToolBox】，选择【Spatial Analyst Tools】，选择【Surface】，双击【Hillshade】。

(3) 在打开的【Hillshade】对话框中，设置【Input raster】为用于地形晕渲的 DEM 数据，在【Output raster】中选择输出 DEM 地形晕渲的存储路径与名称，在【Azimuth (optional)】中设置用于 DEM 地形晕渲的太阳方位角，程序的默认值为 315°（阳光来自西北方向），在【Altitude (optional)】中设置用于计算 DEM 地形晕渲的太阳高度角，太阳高度角的默认值为 45°，通常情况下，【Model shadow (optional)】复选框处于未选择状态，即不计算阴影效果。【Z factor (optional)】用于设置地形晕渲的高程值（Z 方向）缩放因子，程序的默认值为 1，即不缩放。

(4) 点击【OK】，即可得到 DEM 地形晕渲的结果图（图 6-4）。

(5) 得到的地形晕渲图反映了局部地形的相对高低，无法反映地形的全局高低，为此，还需叠加显示 DEM 地形分层设色图。

(6) 在 DEM 数据的【Properties】属性框中，选择【Symbology】选项卡，在【Symbology】选项卡的【Show】栏目中选择【Sketched】条目，在对应的【Color Ramp】中选择一个用于 DEM 高程分层设色的颜色列表。从图 6-5 中颜色列表的截图中可以看出，DEM 分层设色的颜色有单一颜色（单一彩色、灰色）和多种颜色（高程从小到大，依次对应着不同的高程，中间通过渐变的方式创建中间的过渡颜色）多种类型。

(7) 点击【OK】，即得到 DEM 分层设色图。

至此，已经得到了 DEM 地形晕渲和分层设色图，下面的操作将这两种地形渲染图叠加显示，达到地形组合渲染的效果。

(8) 在【TOC】中选择设置好分层设色的 DEM 数据，在其右键菜单中的【Properties】属性框中，选择【Display】选项卡，在该选项卡中的【Transparency】中设置图层显示的透明度，这里设置 50%，设置好以后点击【确定】(图 6-6)。

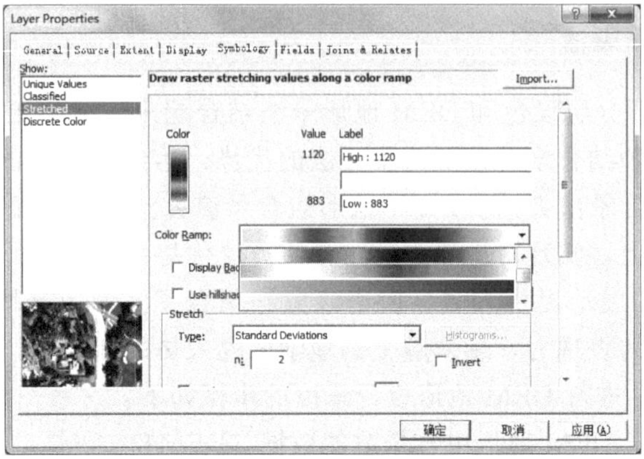

图 6-5　DEM 分层设色属性设置

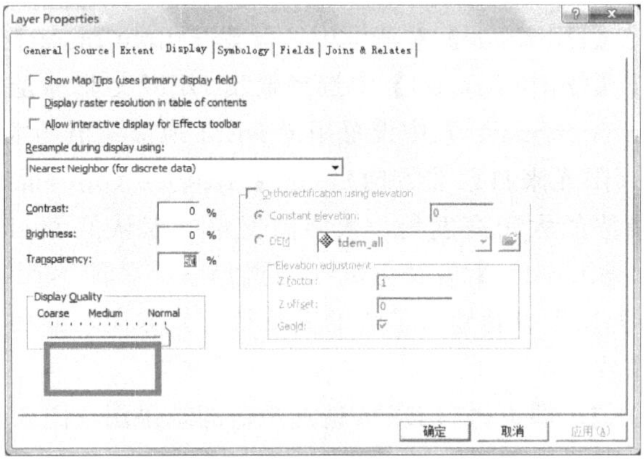

图 6-6　设置 DEM 分层设色图的透明度为 50%

图 6-7　DEM 地形组合晕渲图

(9) 在【TOC】中将设置了透明度的DEM地形分层设色图层拖拽到地形晕渲图的上次叠加显示，即可得到DEM地形组合晕渲图（图6-7）。

(10) 调整分层设色图和地形晕渲图的叠放次序，探索叠放次序不同时，图层透明度设置的方法。

6.2　基础实验2：DEM 3D可视化

1. DEM地形明暗等高线可视化

常用的地形三维表达方法，包括立体等高线图、线框透视图、立体透视图以及各种地形模型与图像、纹理数据叠加而形成的地形景观图。明暗等高线也是一种运用二维模拟来反映三维地形的可视化方法。等高线法能够详细刻画地貌特征，便于地图量测等优点，但其不足之处在于缺乏立体感。于是人们提出了通过等高线明暗变化来表达地形起伏的方法。

利用ArcGIS进行DEM地形明暗等高线可视化的实现步骤如下：

(1) 启动ArcGIS，加载DEM数据。

(2) 打开【ArcToolBox】，选择【Spatial Analyst Tools】，选择【Surface】，双击【Contour】，打开等高线生成工具栏，生成等高线数据。

(3) 打开【ArcToolBox】，选择【Spatial Analyst Tools】，选择【Surface】，双击【Aspect】，打开坡向计算工具，计算坡向。

(4) 根据入射光方向将坡向划分为背光面和受光面两个部分。例如，假设光源位于区域西北方向，则可将坡向为0°～45°、225°～360°的部分划为受光面，坡向为45°～225°的部分化为背光面，因此可以借助【Spatial Analyst】工具栏的【Reclassify】工具得到受光面和背光面的二值图数据，其实现的步骤如下。

(5) 在ArcGIS的工具栏上右键，启动【Spatial Analyst】工具栏，点击【Spatial Analyst】工具栏的下拉菜单中的【Reclassify】工具，启动【Reclassify】工具对话框。

(6) 在【Reclassify】工具对话框中，将坡向为0°～45°、225°～360°的栅格数据重分类为第一类，45°～225°的部分重分类为第二类，分类的方案如图6-8所示。

(7) 点击【OK】，得到坡度的重分类图，该重分类图即为明暗等高线中的受光面和背光面。在ArcGIS的【TOC】窗口中选择重分类的坡向数据，点击【Spatial Analyst】工具栏的下拉菜单中的【Convert】级联菜单下的【Raster to Features】工具，打开【Raster to Features】对话框（图6-9），设置输出的路径与名称，点击【OK】完成受光面和背光面的矢量多边形数据（Aspect. shp）。

(8) 打开【ArcToolBox】，选择【Analysis Tools】，选择【Overlay】，双击

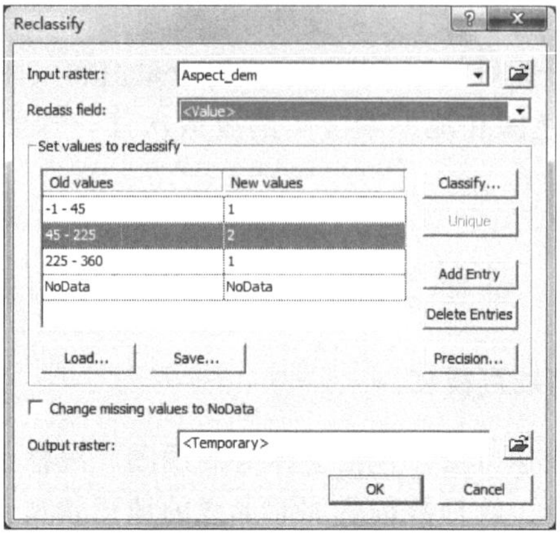

图 6-8　Reclassify 对话框

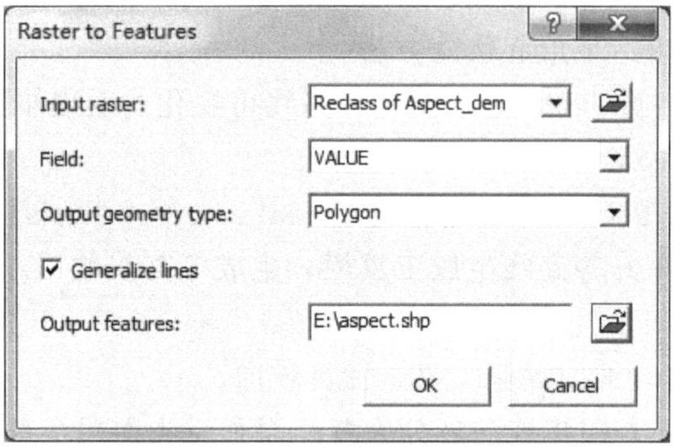

图 6-9　Raster to Features 对话框

【Intersect】工具栏，打开矢量图层叠置分析工具栏。

(9) 在打开的【Intersect】工具栏中的【Input Features】下拉菜单中选择生成的 DEM 等高线图层（Contour2. shp）和重分类后的向背光面矢量多边形数据（Aspect. shp）。在【Output Feature Class】中设置矢量叠置分析后的结果数据存储的路径与名称（图 6-10），点击【OK】按钮，完成【Intersect】分析。

(10) 在 ArcGIS 的【TOC】窗口中，双击【Intersect】分析得到的矢量数据，打开该矢量图层的【Layer Properties】图层属性对话框。

(11) 在打开的【Layer Properties】图层属性对话框中，选择【Symbology】选项卡，在窗口左边的【Show】栏目中，点击【Categories】，选择【Unique Values】，在右边的【Field】字段中设置显示的字段，这里设置为【GRIDCODE】，点击【Add All Values】按钮，代号分别为“1”和“2”的矢量等高线分别为明暗等高线数据，点击明暗等高线的符号，设计其显示的样式（图 6-11）。明暗等高线绘制结果如图 6-12 所示。

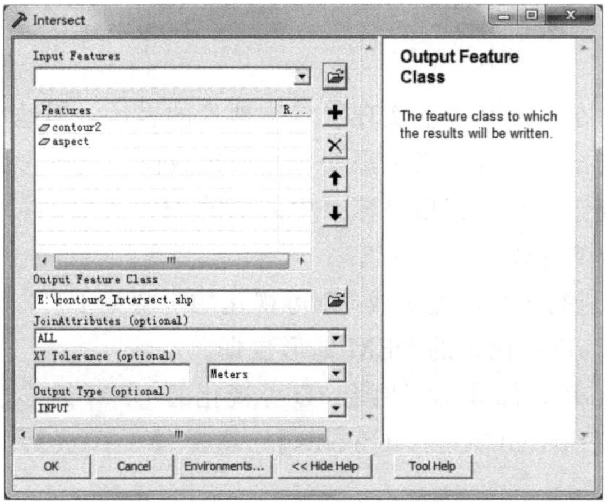

图 6-10 矢量求交对话框

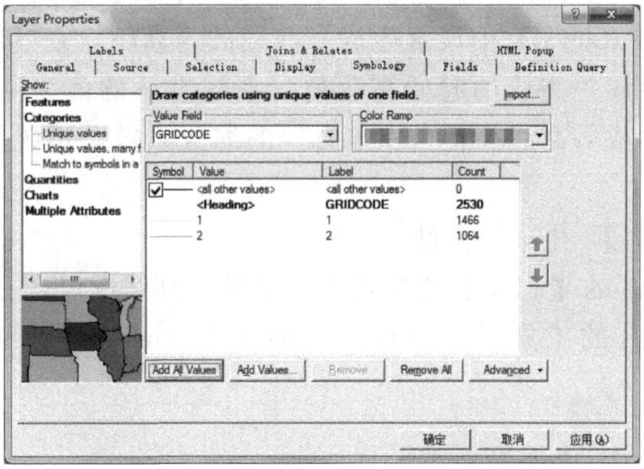

图 6-11 明暗等高线属性设置对话框

图 6-12 明暗等高线结果图

2. DEM 3D 可视化

平面等高线图在二维平面上实现了三维地形的表达，但地形起伏的判读并不直观，借助计算机技术，可以实现平面等高线组成的空间图形在平面上的立体化显示，即将等高线作为空间直角坐标系中的函数 $H=f(x, y)$ 的空间图形，投影到平面上所获得的立体效果图。

采用 ArcGIS 进行 DEM 等高线 3D 可视化的步骤如下：

(1) 准备用于 3D 可视化的 DEM 地形数据。

(2) 启动 ArcGIS，加载用于地形 3D 可视化的 DEM 地形数据，打开【Arc-ToolBox】，选择【Spatial Analyst Tools】，选择【Surface】，双击【Contour】，打开等高线生成工具栏。

(3) 在【Contour】工具栏中的【Input raster】中选择用于地形 3D 可视化的 DEM 地形数据，在【Output polyline features】中设置输出等高线的路径与名称。在【Contour interval】中设置生成等高线的等高距，在【Base contour (optional)】中设置生成等高线的起始高程值，系统默认的值为 0。【Z factor (optional)】中设置生成等高线高程（Z 方向）的缩放系数，系统的默认为 1，即不缩放。

(4) 点击【OK】，生成等高线。

(5) 在 ArcGIS 的【TOC】栏中选择生成的等高线图层，右键选择复制。

(6) 在 ArcGIS 的工具栏上右键，启动【3D analyst】工具栏，点击【Arc Scene】工具栏图标 。

(7) 在启动的【ArcScene】界面的【TOC】栏中的【Scene layers】上右键，选择粘贴，将复制的等高线加载到【ArcScene】界面中。

(8) 在加载的等高线图层上右键，选择【Properties】菜单，打开【Layer Properties】对话框，选择【Base Heights】选项卡，在【Height】单选框中选择【Use a constant value or expression to set heights for layer:】单选框，点击单选框右侧的小图标 ，在打开的对话框中选择【Contour】字段，作为三维显示的高程字段，点击【OK】，完成高程字段的设置（图 6-13）。

(9) 点击【Layer Properties】对话框的【确定】按钮，完成等高线三维显示，结果如图 6-14 所示。

除了可以使用立体等高线模型表达地形，还可以通过 TIN（Triangle Irregular Networks）来显示，该模型的数据源为不规则的三角面片 TIN。由于 TIN 模型由一系列的三角面片构成，因此该模型能够模拟光照的效果，得到的

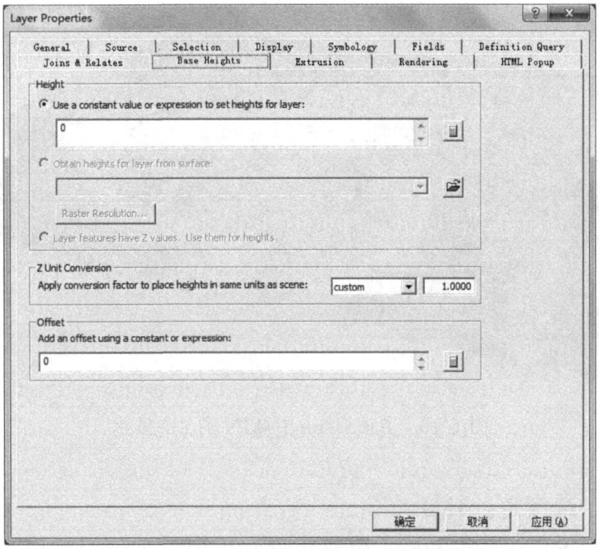

图 6-13 ArcScene 中等高线高程设置对话框

图 6-14 3D 等高线制作结果图

三维显示更为逼真。

采用 ArcGIS 进行 TIN 3D 可视化的步骤如下：

启动 AcrScene，加载 TIN 地形数据，ArcScene 自动显示 3D 地形，3D 显示的结果如图 6-15 所示。

除了上述两种地形 3D 表达方法，还有基于规则格网 DEM 的地形三维显示模型。该模型把 DEM 格网单元看作是一个个面域，通过投影变换、消隐与剪裁、光照模拟等操作，能够得到 DEM 地形 3D 显示模型。

采用 ArcGIS 进行规则格网 DEM 3D 可视化的步骤如下：

(1) 启动 ArcGIS，加载用于地形 3D 可视化的 DEM 数据，生成地形晕渲图

图 6-15　ArcScene 中 TIN 的 3D 显示

（方位角：315°，高度角：45°）。

（2）启动 ArcScene，将 DEM 地形数据和生成的地形晕渲图复制到 ArcScene 界面中，设置地形晕渲图的【Base Heights】为加载的 DEM 地形数据，即可得到 3D 地形晕渲图（图 6-16）。

图 6-16　地形晕渲 3D 显示结果图

3. DTM 3D 可视化

DTM 的 3D 显示原理与 DEM 3D 显示原理类似，唯一不同的是显示的内容由高程属性变成了其他地形属性信息（如坡度、坡向、曲率等）。

采用 ArcGIS 进行规则格网 DTM 3D 可视化的步骤如下：

（1）启动 ArcGIS 并加载 DEM 地形数据，生成相应的高程属性数据（如坡度、坡向、曲率等），这里以坡度为例。

（2）在 ArcGIS 的【TOC】窗口中选择 DEM 数据及其派生的坡度数据，启动 ArcScene 工具，将 DEM 地形数据和坡度数据加载到 ArcScene 中。

（3）在 ArcScene 中【Scene layers】中的坡度数据上右键，选择【Properties】菜单，选择打开坡度数据【Layer Properties】对话框的【Base Heights】选项卡，选择【Obtain heights for layer from surface:】单选框，在该单选框下面的下拉菜单栏中选择 DEM 地形高程数据，具体设置如图 6-17 所示。

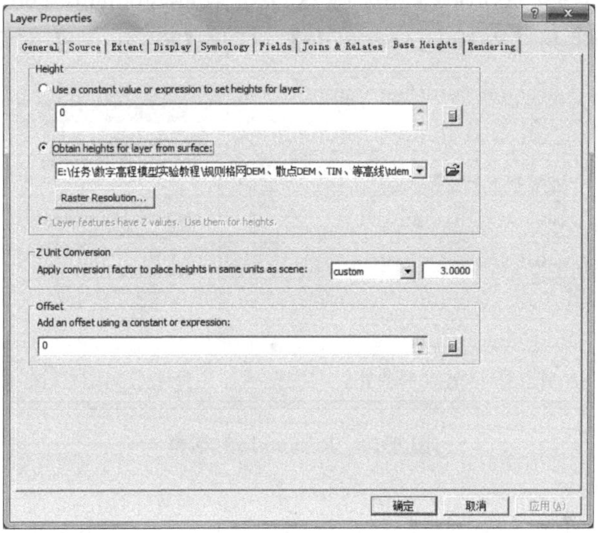

图 6-17　设置 DTM（坡度）的高程数据

（4）点击【确定】按钮，得到坡度（DTM）的三维显示（图 6-18）。

图 6-18　DTM 的 3D 显示结果图

（5）练习坡向、坡度变率（SOS）、坡向变率（SOA）等地形属性的 3D 显示。

4. DEM 格网地势图

DEM 格网地势图能够更为直观地显示地形特征，利用 ArcGIS 显示 DEM 的格网地势图通过如下步骤实现：

（1）添加 DEM 数据。

（2）打开【ArcToolBox】，选择【Data Management Tools】，展开工具【Raster】，展开工具【Raster processing】，打开【Resample】对话框（图 6-19）。

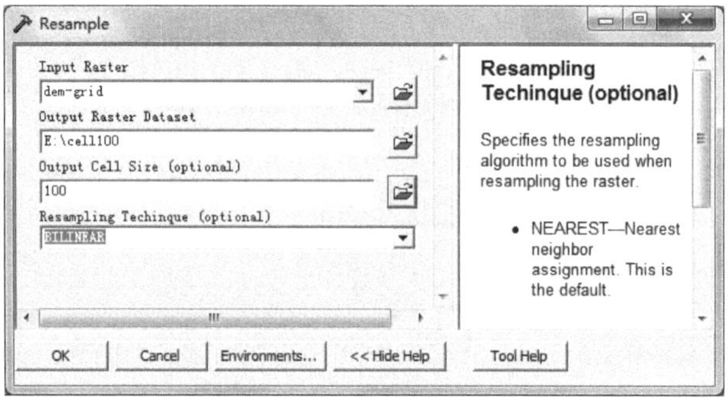

图 6-19　Resample 对话框

（3）在打开的【Resample】对话框中的【Input Raster】框中设置用于重采样的 DEM 数据，在【Output Raster Dataset】中设置重采样后的 DEM 数据中的存储路径及名称，在【Output Cell Size (optional)】中设置重采样后 DEM 的分辨率大小，系统的默认值与原 DEM 分辨率一致，教程中使用较粗的分辨率 100m，该值的设置取决于格子状显示的粗略程度。在【Resampling Technique (optional)】中设置重采样的方法，本实验中采用双线性重采样方法。

（4）点击【OK】，得到重采样后的栅格数据（图 6-20）。

（5）将重采样后的栅格数据转化为矢量面数据，由于 ArcGIS 工具的限制，用于转化栅格的数据需要为整型数据，该操作主要通过【Raster Calculator】完成。

（6）在打开的【Raster Calculator】工具对话框中，设置取整操作的函数和数据集，在编辑文本中输入“Int (cell100)”。

（7）在 ArcGIS 工具栏上右键启动【Spatial analyst】工具栏，在工具栏的下拉菜单中选择【Convert】菜单，在【Convert】菜单的下级级联菜单中选择【Raster to Features】对话框。

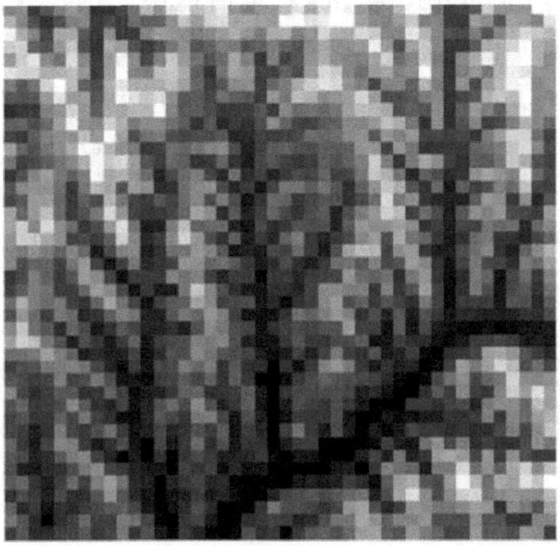

图 6-20 Resample 运算结果

(8) 在打开的【Raster to Features】对话框中，在【Input raster】中选择重采样后的 DEM 数据，【Field】中设置转化的字段为【VALUE】，在【Output geometry type】中选择【Polygon】数据类型，在【Output features】中设置转换后的矢量多边形数据的路径与名称，详细设置如图 6-21 所示。

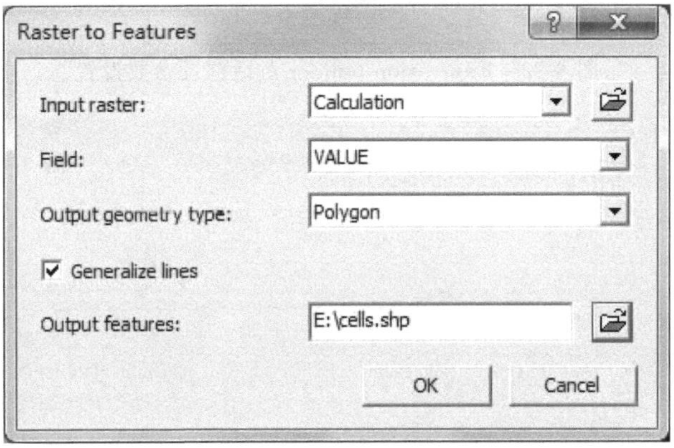

图 6-21 ArcGIS 栅格转矢量对话框

(9) 点击【OK】，生成格网数据矢量多边形。

(10) 启动 ArcSecne 工具，加载生成的 DEM 矢量多边形数据。

(11) 在 ArcScene 的【TOC】窗口中，双击加载的 DEM 矢量多边形数据图层，打开其【Layer Properties】对话框。

（12）在打开的【Layer Properties】对话框中，选择【Base Heights】选项卡，在【Height】方框中，选择单选框【Use a constant value or expression to set heights for layer:】，点击【Expression builder】工具，启动【Expression builder】构建对话框，在【Fields】中双击【GRIDCODE】字段，点击【OK】，打开的【Expression builder】对话框和参数设置如图 6-22 所示。点击【OK】，完成高程设置，回到【Layer Properties】对话框，点击【Layer Properties】对话框的【应用】按钮（图 6-23）。

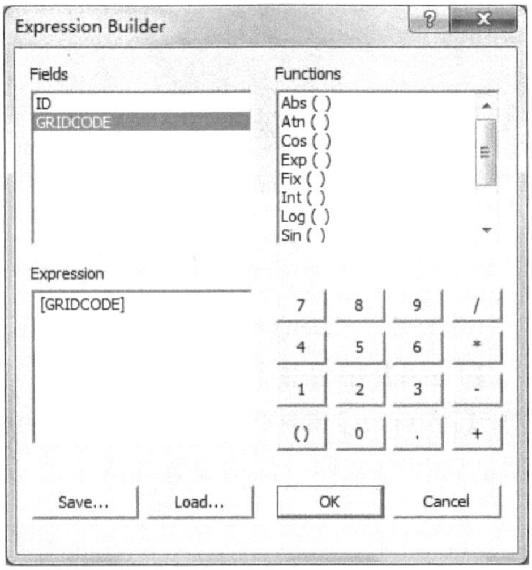

图 6-22　Expression builder 对话框及参数设置

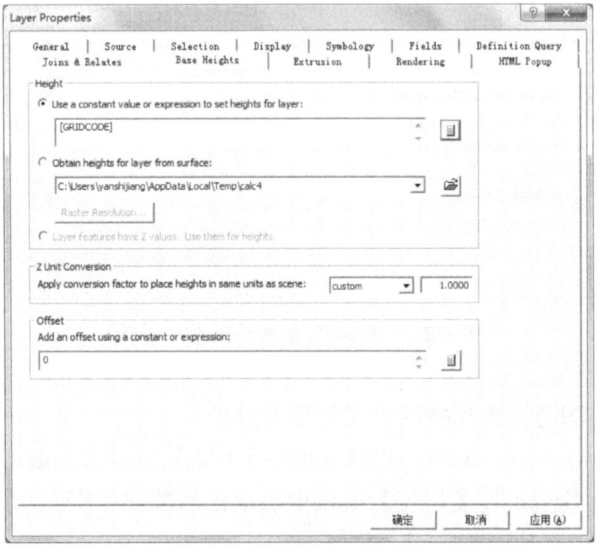

图 6-23　ArcScene 矢量多边形属性对话框

(13) 点击【Layer Properties】对话框中的【Extrusion】选项卡，选择复选框【Extrude features in layer，…】中输入下拉的值，这里设置 100，点击【Layer Properties】对话框的【应用】按钮（图 6-24）。

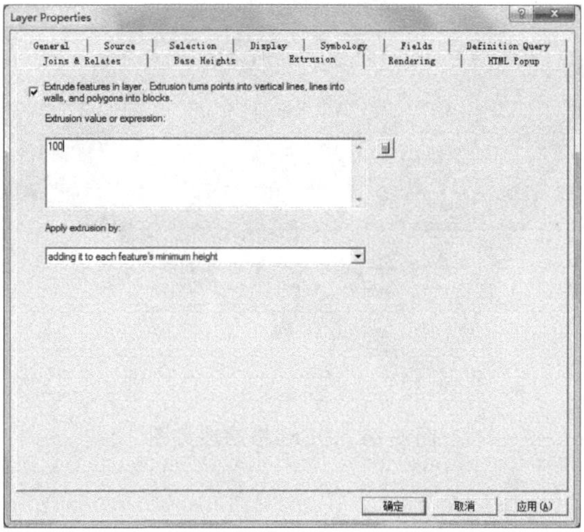

图 6-24 Layer Properties 对话框中的【Extrusion】选项卡参数设置

(14) 点击【Layer Properties】对话框中的【Symbology】选项卡，在【Show】栏中点击【Quantities】，点击【Graduated colors】，在【Value】中选择显示字段，这里设置为【GRIDCODE】。在【Color Ramp】中选择格子状显示的颜色列表，详细参数设置如图 6-25 所示。

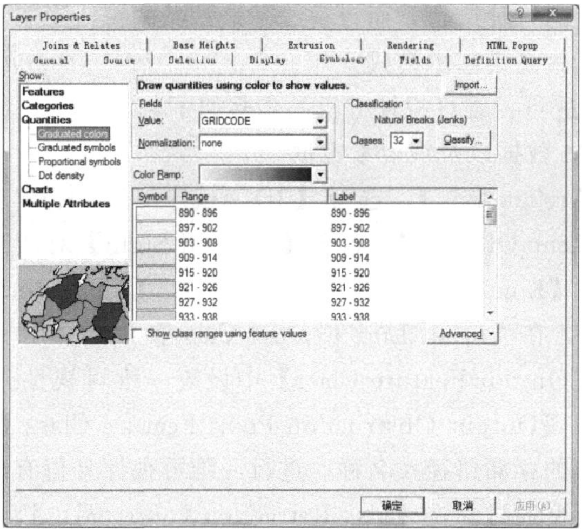

图 6-25 Layer Properties 对话框中的【Symbology】选项卡参数设置

(15) 点击【确定】按钮，生成 DEM 格网地势图（图 6-26）。

图 6-26　DEM 格网地势图

6.3　基础实验 3：可视性分析

1. 一维可视性分析

地形一维可视性分析的基础是点点间的通视性分析，其分析的基本数据源可以是规则格网 DEM 或者是地形剖面线。地形剖面线刻画沿一条直线或者曲线上在垂直方向地形的起伏状况。一维可视性分析将地面点视作点的集合，其可视性是所有点对可视性的一种综合，而直视线是最常见的视线形态。因此，基于点对可视性的直视线模式是最基本模式。

采用 ArcGIS 进行一维可视性分析的步骤如下：

(1) 准备 DEM 数据以及线要素数据。

(2) 打开【ArcToolBox】，选择【3D Analyst Tools】，选择【Functional surface】，双击【Line Of Sight】，打开【Line Of Sight】对话框。

(3) 在打开的【Line Of Sight】对话框中，在【Input Surface】中选择输入的 DEM 地形数据，在【Input Line Feature Class】中选择用于一维可视性分析的线要素图，在【Output Feature Class】中设置一维可视性分析结果数据的存储路径和名称。在【Output Obstruction Point Feature Class (optional)】中设置输出的观测站点的存储路径及名称。进行一维可视性分析有时还需要考虑折射模型，启用折射模型通过勾选【Use Refraction (optional)】复选框，即可启用折射模型，读者可以通过【Refraction Factor (optional)】和【Pyramid Level

Resolution (optional)】两个参数，计算过程中二者都有默认值，详细参数如图6-27所示。

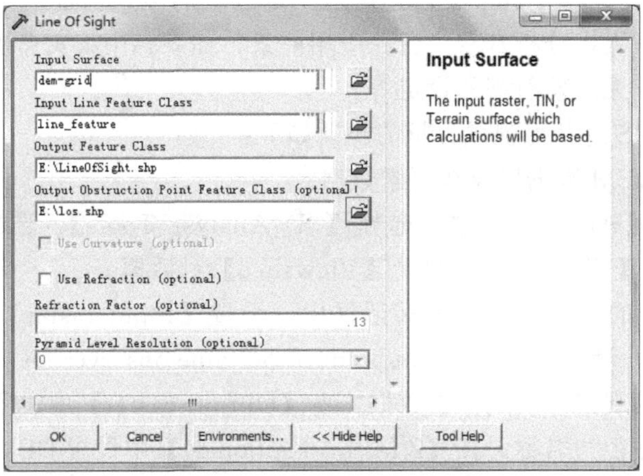

图 6-27　Line Of Sight 对话框

（4）点击【OK】，得到一维可视性分析结果图，其结果如图6-28所示，图中深色线条代表直线上不可视的部分，浅色线条代表可视的部分。

图 6-28　一维可视性分析结果

2. 可视域分析

点点通视分析和可视域分析是地形可视性分析的两个基本内容。可视域是一种基于点-面可视性的分析方法，它是指一定区域的地表面被一个观测者所看到的地域范围。可视域分析有着广泛的应用前景，如森林中火灾监测点的设定、观察哨所的设定、无线发射塔的设定等。

采用 ArcGIS 进行可视域分析的步骤如下：

(1) 准备 DEM 数据以及线要素数据。

(2) 打开【ArcToolBox】，选择【3D Analyst Tools】，选择【Functional surface】，双击【Viewshed】，打开【Viewshed】对话框。

(3) 在打开的【Viewshed】对话框中，设置【Input raster】为用于可视域分析的 DEM 地形数据，在【Input point or polyline observer features】中设置用于可视域分析的观察点或线要素数据，在【Output raster】中设置可视域分析结果数据的存储路径与名称，在【Z factor (optional)】中设置 DEM 地形数据在高程 (Z) 方向的缩放系数。如果可视域分析考虑折射模型，可以在【Refractivity coefficient (optional)】中设置折射系数，系统默认的折射系数为 0.13 (图 6-29)。

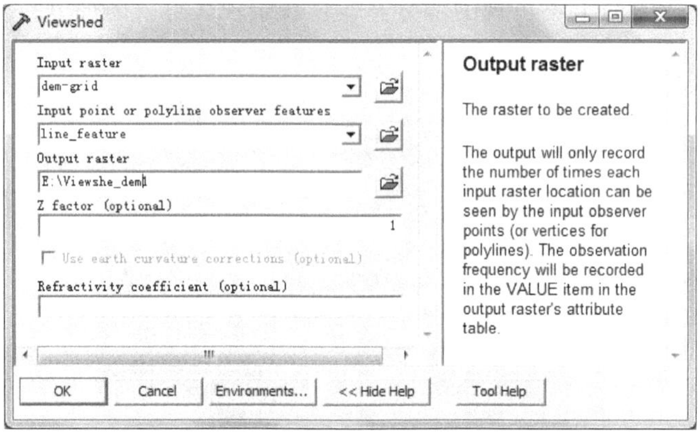

图 6-29 Viewshed 对话框及参数设置

(4) 点击【OK】，完成基于点/线要素的可视域分析。分析结果如图 6-30 所示，图中浅色的区域为可视区域。

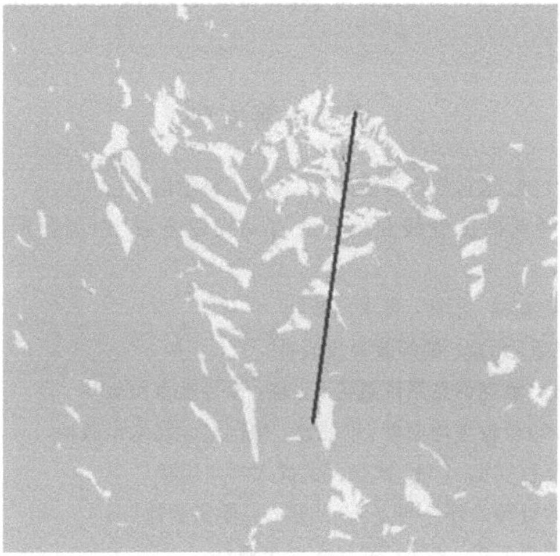

图 6-30 可视域分析结果图

6.4 自主实验：移动基站的选址分析

实验思路，某县移动通信公司需要新设移动基站数个，要求设立最少的移动基站并达到信号90%以上区域覆盖的目的。实验数据为该区域1∶1万数字高程模型，可利用多点可视域的叠加分析功能实现。

主要参考文献

陈述彭，鲁学军，周成虎. 1999. 地理信息系统导论. 北京：科学出版社

陈永良，刘大有. 2001. 一种新的山脊线和山谷线自动提取方法. 中国图形图像学报，6（12）A 版：1230-1234

龚健雅. 2001. 地理信息系统基础. 北京：科学出版社

郭仁忠. 2001. 空间分析. 2 版. 北京：高等教育出版社

黄杏元，马劲松，汤勤. 2001. 地理信息系统概论. 北京：高等教育出版社

柯正谊，何建邦，池天河. 1993. 数字地面模型. 北京：中国科学技术出版社

李志林，朱庆. 2003. 数字高程模型. 2 版. 武汉：武汉大学出版社

史文中. 1998. 空间数据误差处理的理论与方法. 北京：科学出版社

舒宁. 2003. 雷达影像干涉测量原理. 武汉：武汉大学出版社

汤国安，刘学军，闾国年. 2005. 数字高程模型及地学分析的原理与方法. 北京：科学出版社

王长进. 2010. 机载激光雷达铁路勘察技术. 北京：中国铁道出版社

张小红. 2002. 机载激光扫描测高数据滤波及地物提取. 武汉：武汉大学博士学位论文

周启鸣，刘学军. 2006. 数字地形分析. 北京：科学出版社

Anddrew K Skidmore. 1989. A comparison of techniques for calculating gradient and aspect from a gridded digital elevation model. Int. J. of Geographical Information Systems，3（4）：323-334

Fairfield J，Leymarie P. 1991. Drainage networks from grid elevation models，Water Resources Research，27（5）：709-717

Garbrecht J，Martz L W. 1999. Digital elevation model issues in water resources modeling，http：//www. esri. com/library/userconf/proc99

Li Z，Zhu Q，Gold C. 2005. Digital Terrain Modeling：Principles and Methodology，Boca Raton：CRC Press

Miller C，Laflamme E. 1958. The digital terrain model-theory and applications. Photogrammetric Engineering，24：433-442

Moore I D，Grayson R B，Ladson A R. 1991. Digital terrain modelling：a review of hydrological，geomorphological and biological applications，Hydrological Processes，5：3-30

O'Callaghan J F，Mark D M. 1984. The extraction of drainage networks from digital elevation data. Computer Vision，Graphics and Image Processing，28：323-344

Tang G A，Josef S. 2001. Evaluation on the accuracy of digital elevation models. Journal of Geographical Science，11（2）：209-216

Wilson J P，Gallant J C. 2000. Terrain Analysis：Principles and Applications. New York：John Wiley & Sons

附录 综合实验

综合实验一 太阳辐射模拟

实验目的：了解基于DEM模拟太阳可照时数的基本原理

实验要求：熟悉ArcGIS平台中“Solar Radiation”工具的使用，练习在不同条件下太阳可照时数的变化特征

实验数据：1∶1万DEM

太阳能是地表能量的主要来源，是各国能源开发研究的重点。DEM在该领域的应用为逐栅格地计算影响气候的地表资源提供了条件，可以进行太阳辐射、温度、降水与湿度等气候资源的空间推算。

影响日照的因素：通常把没有云雾遮蔽太阳的情况下从日出到日落全天可能接收太阳的辐射时间称为可照时数，而把考虑了云雾遮蔽等天气情况下，山地可能接收到的实际日照时间称为日照时数，可见日照时数总是不大于可照时数。山地的日照时数，除与平地一样受地理纬度、太阳赤纬和云雾的分布的影响以外，还受到地形遮蔽和海拔高度的影响。依据傅抱璞的研究，在我国，纬度越高，海拔高度对可照时数的影响越大，且以夏至日影响最大，冬至日其次；春分和秋分日最小；但在海拔3000 m地区，每天可照时数最多增加30 min，在海拔1000 m地区最多增加20 min。

求取太阳辐射模拟的步骤如下：

(1) 打开【ArcToolBox】，选择【Spatial Analyst Tools】，选择【Solar Radiation】，双击打开【Area Solar Radiation】对话框。

(2) 弹出窗口即为太阳辐射模拟的计算窗口。在【Input raster】中输入需要被计算的DEM，在【Output global radiation raster】中输入太阳辐射模拟计算结果的存储路径和名称。【Latitude (optional)】为可选选项，用以设置太阳辐射模拟地形所处的地理纬度，读者可以根据数据的具体维度值设置，程序默认该值为45°；【Sky size/Resolution (optional)】指的是计算太阳辐射模拟时所选用的天球的分辨率大小，程序默认的大小为200×200格网。【Time configuration (optional)】中有四个可选项用以设定计算太阳辐射模拟的时间段，包括【Special days】，【Within a day】，【Multiple days in a year】，前三个选项主要按照天来设置太阳辐射模拟的时间段，而【Whole year with monthly interval】则

以年为单位设置计算的时间段。【Day interval (optional)】和【Hour interval (optional)】用以设置计算太阳辐射模拟的天间隔和每天内小时间隔，这两个选项主要是为了减轻计算量而对连续时间数据的稀疏采样，详细设置如附图 1 所示。

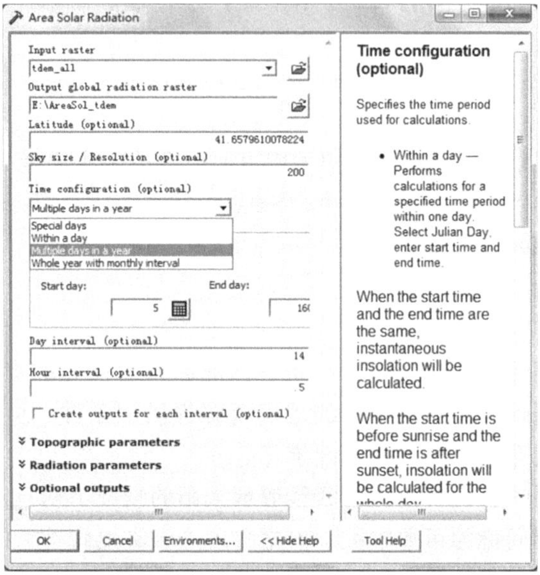

附图 1　Area Solar Radiation 对话框

(3) 单击【OK】，即可得到太阳辐射模拟的计算结果图（附图 2）。

附图 2　太阳辐射模拟分析结果图

(4) 对比练习：输入不同的参数值，对比模拟结果的变化并分析原因。

综合实验二　城市日照模拟

实验目的：了解城市日照模拟的基本原理

实验要求：熟悉 ArcGIS 平台中“Hillshade”工具的使用，模拟在一天内城市日照的变化规律

实验数据：城市表面数字高程模型

城市日照模拟同 DEM 地形可视性属于同一概念，DEM 地形可视性分析表征地表能否被人眼所观察到。传统意义上的地形可视性也称为地形通视性（Visibility），是指从一个或多个位置所能看到的地形范围或与其他地形点之间的可见程度。从广义的可视性分析模型来看，城市日照模拟即为人眼与太阳之间的可视性分析问题（叶蔚，2007）。由于太阳与地球之间的距离较大，入射到地面的太阳光可以近似地视作平行光，即认为太阳光从无穷远处照射到地球表面，城市地形以及地面的建筑物，构成了丰富而复杂多样的地形景观，各类景观接受太阳照射的频次和时长各不相同（附图 3）。日照时数已经成为城市规划、资源配置、市政建设等领域必须考虑的问题之一，越来越受到人们的重视。

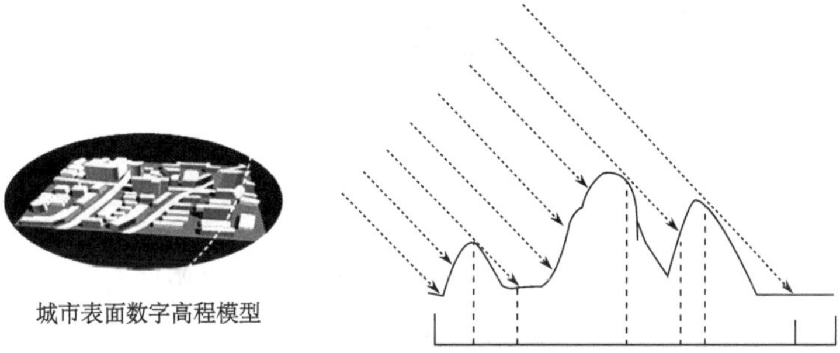

附图 3　城市日照模型的原理示意图

同 DEM 地形可视性分析、太阳辐射模拟计算一样，城市日照模拟也需要在反映城市地表高程连续场数学模型的基础上展开。因此，城市日照模拟的前提是建立城市 DEM（Urban DEM，UDEM）。影响城市日照模拟的因素主要包括太阳的高度角、方位角、地理纬度、地物高度及空间位置关系等。

城市日照模拟的步骤如下：

（1）准备用于城市日照模拟的城市 DEM（UDEM）数据。

（2）计算 UDEM 的山体阴影图，打开【ArcToolBox】，选择【Spatial Analyst

Tools】，选择【Surface】，双击【Hillshade】，打开【Hillshade】对话框。

(3) 在打开的【Hillshade】对话框中的【Input raster】栏中选择用于计算城市日照模拟的 UDEM 数据，【Output raster】栏中设置输出的栅格 DEM 的路径及名称，在【Azimuth (optional)】中设置城市日照模拟的太阳方位角，【Altitude (optional)】中设置城市日照模拟的太阳高度角，太阳高度角和方位角都是可选项，程序默认的值分别为 315°和 45°。【Model shadows (optional)】中设置城市日照模拟的阴影模型，该复选框选中时表示采用阴影模型计算。【Z factor (optional)】中设置用于模拟城市日照时 UDEM 高程方向的缩放因子。程序计算的默认值为 1，即采用非缩放模式，详细参数设置如附图 4 所示。

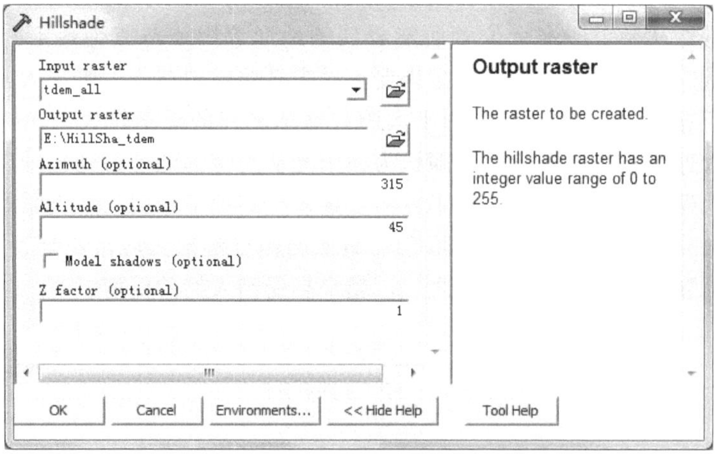

附图 4　Hillshade 对话框及参数设置

(4) 单击【OK】即可计算城市 UDEM 日照模拟图（附图 5）。

附图 5　城市日照模拟结果图

(5) 改变太阳高度角，观察在一天之内城市日照特征的变化。

综合实验三　填挖方分析

实验目的：了解填挖方分析的基本原理

实验要求：熟悉 ArcGIS 平台中“Cut/Fill”工具的使用

实验数据：1∶1万 DEM

在道路施工、房屋建筑、土地整理等工程中都会涉及土地平整的工作，通过必要的挖填方处理来平整地面以满足工程施工的地面要求。随着土地整理项目数量的增加，对土地平整中挖填土方量的计算精度的要求也越来越高。一般而言，土地平整工程投资约占投资的40％～80％，因此，挖填土方量的计算对开展项目、控制投资均有十分重要的意义。常用的计算土方量方法有断面法、方格网法、散点法和表格法。其中方格网法是最为常用的土方量计算方法，该方法依据两期地形曲面之间的差异性计算挖填方量。如1980年和1990年两期的DEM地形曲面（附图6A、附图6B)，以及二者之间的差异对比图附图6C，图中浅色部分为填方的区域，深色部分为挖方的区域。

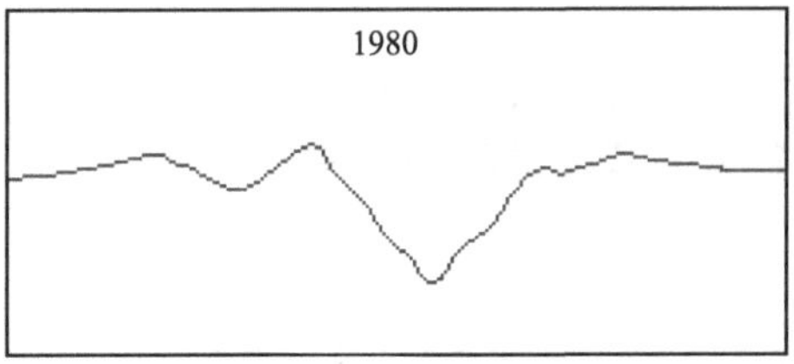

A. 填挖方的原始地面

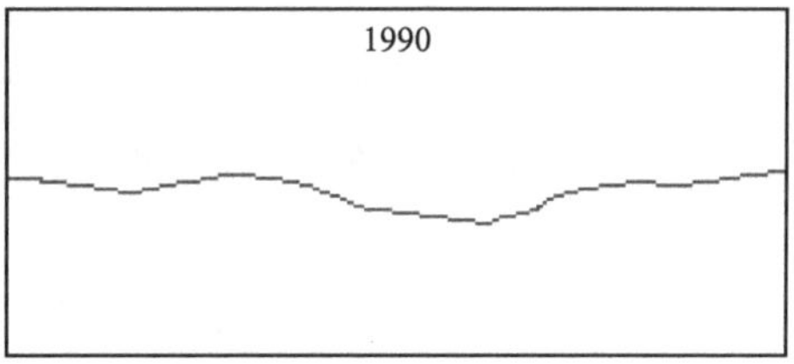

B. 填挖方后的设计地面

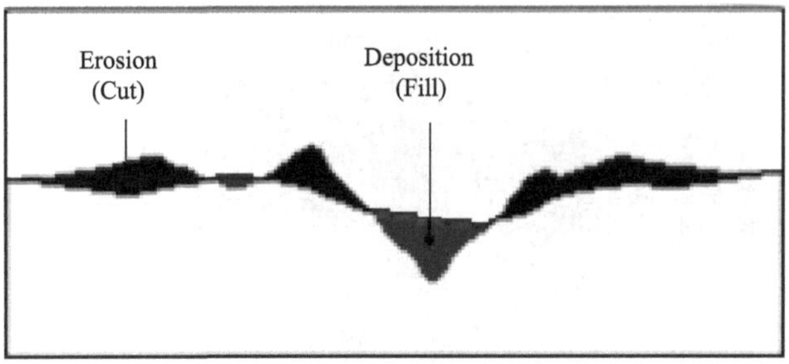

C.填挖方区域示意图

附图6　填挖方分析原理示意图

填挖方计算的步骤如下：

(1) 准备用于填挖方的两期 DEM 数据（DEM1、DEM2）。

(2) 打开【ArcToolBox】，选择【Spatial Analyst Tools】，选择【Surface】，双击【Cut/Fill】，打开【Cut/Fill】对话框。

(3) 在打开的【Cut/Fill】对话框中，设置【Input before raster surface】栏为输入的第一期 DEM（DEM1）数据，【Input after raster surface】栏为输入的第二期 DEM（DEM2）数据，【Output raster】栏中输入填挖方计算后的结果的路径与名称，在【Z factor (optional)】中设置 DEM 数据高程（Z）方向的缩放因子，程序默认的缩放因子为 1，即不缩放（附图 7）。

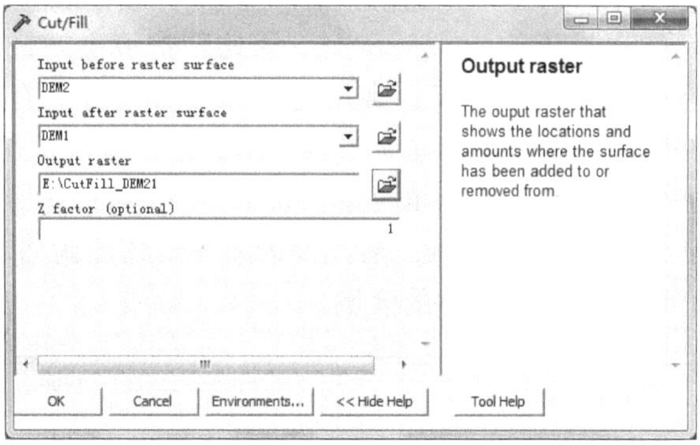

附图 7 DEM 填挖方分析工具（【Cut/Fill】）对话框及参数设置

(4) 点击【OK】，计算结果如附图 8 所示。

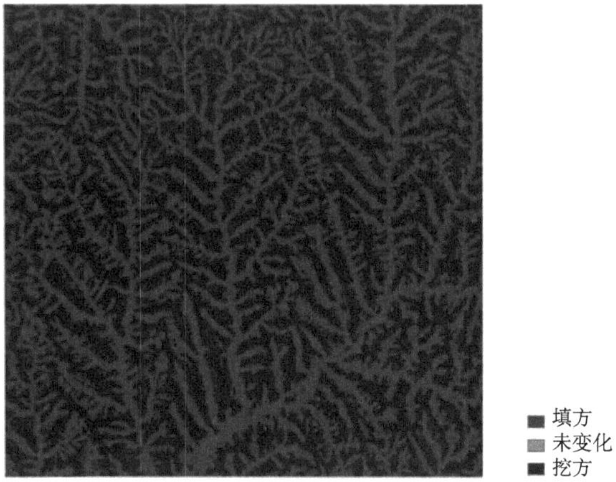

附图 8 Dem 填挖方分析结果图

(5) 进行栅格统计分析，即可得到挖填方的数量值。

综合实验四　洪水淹没分析

实验目的： 了解洪水淹没分析的基本原理

实验要求： 熟悉 ArcGIS 平台中洪水淹没分析的基本步骤

实验数据： 1∶1 万 DEM

洪水淹没分析是 DEM 地形分析的重要内容之一。在 GIS 软件中进行洪水淹没分析时，水位常被概化为静态水平面进行计算，这种方式对粗略地淹没估算或水库、湖泊等大面积静水淹没较为合适，但对于河道洪水淹没分析则存在问题。在淹没分析中，按是否考虑水流流动连通性，通常分无源淹没和有源淹没两种情况。无源淹没是指凡是高程值低于给定水位的点，都计入淹没区，相当于整个区域大面积均匀降水的情形，所有低洼处都可能积水成灾。有源淹没则不但要考虑水位高于地形的情况，还需考虑水流的流动连续性，即洪水只淹没它能流到的地方，与水源不连通的低洼地不构成淹没。就计算方法而言，无源淹没的求解较为简单，只需逐个扫描地形网格，统计所有水位高于地形的区域即可，假设从流域的出水口开始，流域内的水位从出水口开始逐步上升，通过 ArcGIS 计算流域内被淹没的区域的面积。

DEM 洪水淹没分析的步骤如下：

(1) 准备用于洪水淹没分析的 DEM 数据（DEM1），打开 DEM 数据的【Layer Properties】面板，在【Source】选项卡的【Statistics】中统计区域内 DEM 的最大高程值 H_{max} 和最小高程值 H_{min}（附图 9）。计算洪水淹没水位上升的步长，实验中采用的淹没步长为 10 m。

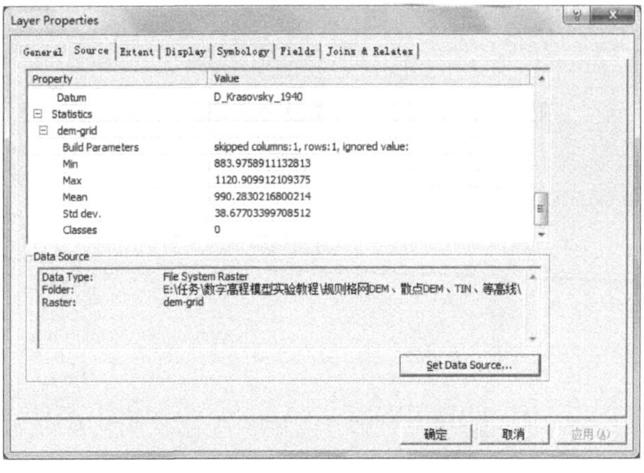

附图 9　DEM 属性对话框

(2) 在 ArcGIS 的工具栏上点击右键，启动【Spatial Analyst】工具栏，选择【Spatial Analyst】工具栏下的【Raster Calculator】，打开【Raster Calculator】对话框。

(3) 在【Raster Calculator】的文本输入框中输入以下表达式“[dem-grid] < 1 * 10 + 883.96”，点击【OK】即可得到水位为 10 m 时被淹没的流域范围。

(4) 依次增加步长，按“[dem-grid] < n * 10 + 883.96，n=1，2，3，…”计算，得到不同高程水位下被淹没流域范围。附图 10 为采用系列步长计算无源淹没的 4 期流域淹没范围的三维叠加显示效果。

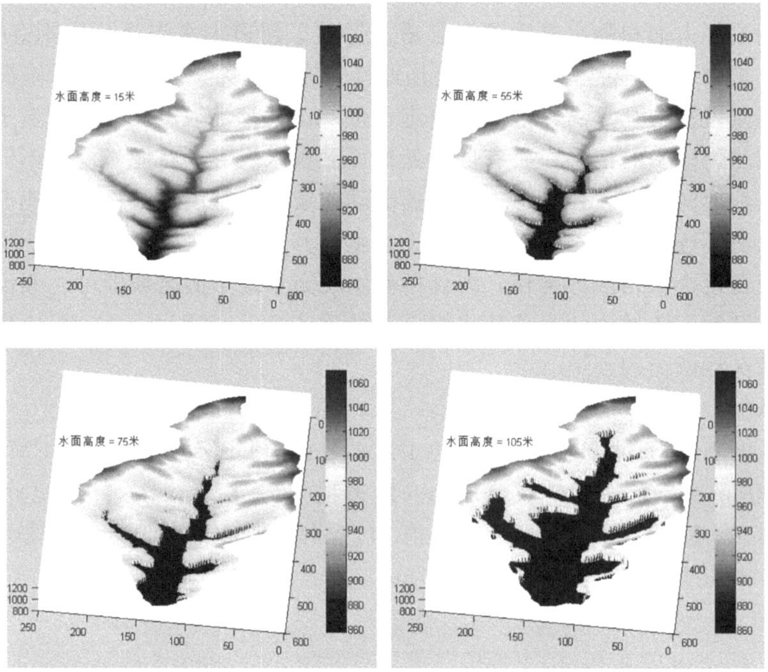

附图 10　DEM 洪水淹没分析结果（四期）

综合实验五　梯田 DEM 构建

实验目的：了解梯田 DEM 构建的基本原理

实验要求：熟悉 DEM 的裁剪、融合、栅格计算等空间分析方法

实验数据：1∶1 万 DEM

梯田是最为典型的自然-人工复合地形，在黄土高原地区，它以覆盖面积大、水保效果明显，成为最重要的水土保持工程措施。如何从现有 DEM 数据中快速构建反映地理学、生态学及景观设计等微观地貌形态特征，成为 DEM 地理设计与应用的一项基本技术。

我国梯田按其分布地区分为南北两大类型，可进一步细分为：黄土高原梯田、云贵高原梯田及江南丘陵梯田等。其中，黄土高原梯田和云贵高原梯田看作北方和南方梯田的典型代表。根据梯田的剖面形态，梯田可分为：阶台式梯田和波浪式梯田。所谓阶台式梯田，是在坡地上沿等高线修筑成逐级升高的阶台型梯田。根据梯田田面坡度的不同，又可细分为水平梯田、坡式梯田、反坡梯田、隔坡梯田和复式梯田。其中，水平梯田的田面近似水平，而坡式梯田等其他梯田的田面坡度变化较大，主要与修建梯田的原始山坡的天然坡度紧密相关。本实验应用 ArcGIS 实现基于 DEM 的局部梯田的构建。

地形梯田改造的任务就是将连续的地形，设计成如附图 11 所示的阶梯状地形，即相当于将地形经过某种变换后的取整操作。依据梯田之间的高程距离，可以按照如下表达式计算得到阶梯状的地形：

$$\text{int}\,(\text{DEM}/\Delta h)\times\Delta h$$

从上面的公式可以看出，DEM 地形高程大致没有发生大的改变，只是一些部位被削平成为阶梯状，原来平滑的曲面，经梯田 DEM 构建后，曲面变成一段一段的阶梯状（附图 11）。

梯田 DEM 的构建主要分为以下几个步骤：

(1) 从真实地形（DEM）中截取构建梯田 DEM 的区域（Extraction）。

(2) 构建梯田 DEMT（Raster Calculator）。

(3) 将构建的梯田 DEMT 镶嵌到原 DEM 中（Mosaic）。

(4) 梯田 DEM 的显示（Hillshade）。

利用 ArcGIS 构建梯田 DEM 的步骤如下：

(1) 准备用于 DEM 梯田设计的数据（DEM1），确定构建梯田的区域范围（Boundary），如附图 12 所示。

(2) 加载【Spatial analyst】工具栏，在【Spatial analyst】工具栏的下拉菜

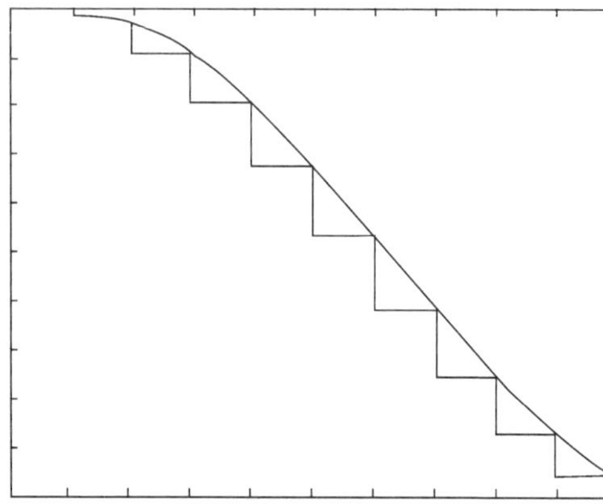

附图 11　梯田 DEM 构建的原理图

附图 12　用于构建梯田的 DEM 及设计梯田的区域

单中选择【Raster calculator】，打开【Raster calculator】对话框，在打开的对话框中输入如下表达式：int（DEM/Δh）×Δh，这里的 Δh=10，计算得到具有梯田的 DEM（TDEM）。

（3）打开【ArcToolBox】，选择【Spatial Analyst Tools】，选择【Extraction】，打开【Extraction】对话框。

（4）在【Input raster】中设置经过取整操作的 TDEM 数据，在【Input raster or feature mask data】输入限定梯田生产范围的土地利用范围数据，在【Output raster】中设置构建梯田 DEM 的存储路径与名称，点击【OK】，完成梯田 DEM 的构建，详细参数设置如附图 13 所示。

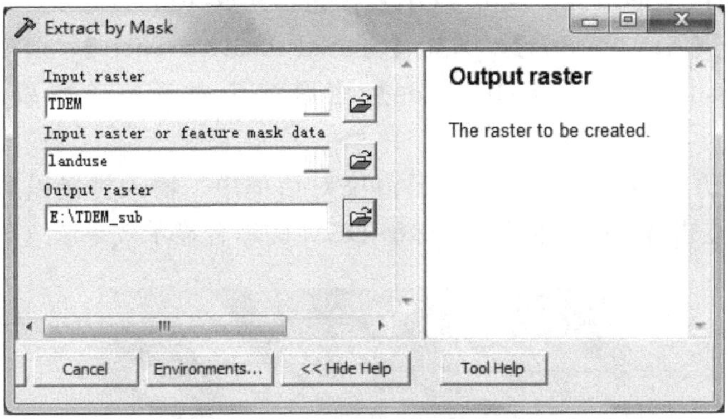

附图 13　ArcToolBox 工具栏中的【Extraction】对话框

(5) 打开【ArcToolBox】，选择【Spatial Analyst Tools】，选择【Data Management Tools】，展开【Raster】下面的【Raster Dataset】，双击【Mosaic】，打开【Mosaic】对话框，如附图 14 所示。

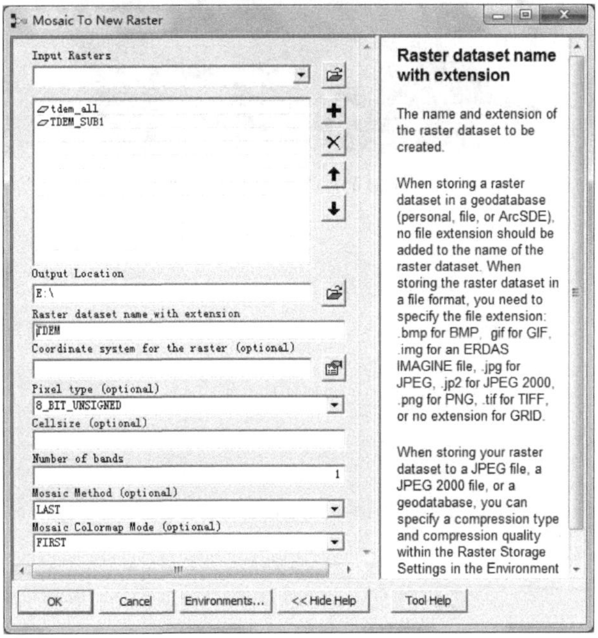

附图 14　Mosaic 对话框

(6) 在打开的【Mosaic】对话框中，将原有的 DEM 数据和 TDEM _ sub1 拼接到一块，就得到一个设计有梯田的 DEM 数据。完成了在 DEM 数据上设计局部区域微观梯田地形结构。点击【OK】按钮，完成梯田 DEM 的构建。

(7) 打开【ArcToolBox】，选择【Spatial Analyst Tools】，选择【Surface】，双击【Hillshade】，打开【Hillshade】地形渲染对话框，加载生成的梯田 TDEM。

(8) 在打开的【Hillshade】地形渲染对话框中，输入拼接以后带有梯田的 DEM 数据，点击【OK】即可得到梯田 DEM 的综合显示效果图（附图 15）。

附图 15　梯田 DEM 构建结果地形渲染图

综合实验六 道路统计分析

实验目的： 了解 DEM 在道路施工中的应用
实验要求： 熟悉 DEM 的裁剪、融合、栅格计算等空间分析方法
实验数据： 1∶1 万 DEM

DEM 可以应用于道路施工中的诸多统计与评价工作。根据道路选线方案，结合 DEM 数据及相关数据，可完成一系列有用的统计分析工作，如沿途经过哪些行政县（市）？线路的总长度、平均高度、所经最大高程、最低高程，道路所经过地区的平均坡度、最大坡度分别是多少？沿线路面的平均坡度及坡度最大值、最小值分别出现在哪里？道路施工的填挖土方量等。

采用 ArcGIS 进行 DEM 道路统计分析的步骤如下：

（1）准备用于 ArcGIS 道路统计的地形数据（DEM1），以及道路的设计数据（road）（附图 16，其中道路数据为双线图层）。

附图 16 DEM 地形数据和道路数据图

（2）统计道路范围内地形的相关信息：打开【ArcToolBox】，选择【Spatial Analyst Tools】，选择【Extraction】，双击【Extract by Mask】，打开【Extract by Mask】对话框（附图 17）。

（3）在【Input raster】中输入地形数据，在【Input raster or feature mask data】中输入道路数据，在【Output raster】中输入提取的 DEM 路径与名称。

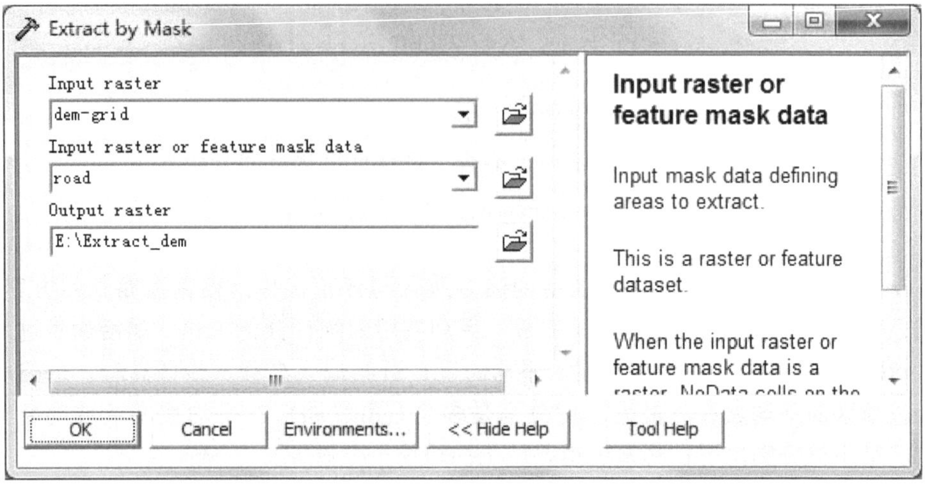

附图 17　Exreact By Mask 工具

(4) 提取原始 DEM 的坡度，然后采用第 (3) 步中的方法，提取道路范围内的坡度数据。

(5) 统计道路范围内 DEM 数据，得到道路经过区域的最大、最小高程及最大、最小坡度等统计值。

(6) 点击【Spatial analyst】工具栏下拉菜单中的【Raster Calculator】，在【Raster Calculator】对话框的文本框中输入如下表达式：[Extract _ dem] > 1042.18 (1042.18 为统计得到的最大高程)，点击【确定】。为了显示的需要，将得到的结果转换为矢量点数据。

(7) 点击【Spatial analyst】工具栏下拉菜单中的【Reclassify】工具，对 Raster Calculator 的结果进行重分类。分类的规则为：原来 0 值，设置为 NoData，原来 1 值，依然设置为 1 值，原来的 NoData 值不变。将重分类后的栅格数据转化为矢量数据。

(8) 重复步骤 (6)、(7)，生成坡度的最大值对应的矢量点数据，结果如附图 18 所示，图中的三角号代表道路沿线的高程的最大值，图中的方块代表道路沿线的坡度的最大值。

(9) 工程填挖方量计算：考虑到设计道路路面的平坦特征，实验采用较大的邻域分析窗口，采用均值统计方法得到设计道路路面，应用前述的 DEM 填挖方分析工具，计算得到道路填挖方量，结果如附图 19 所示，图中浅色部分为填方区域，深色部分为挖方区域。

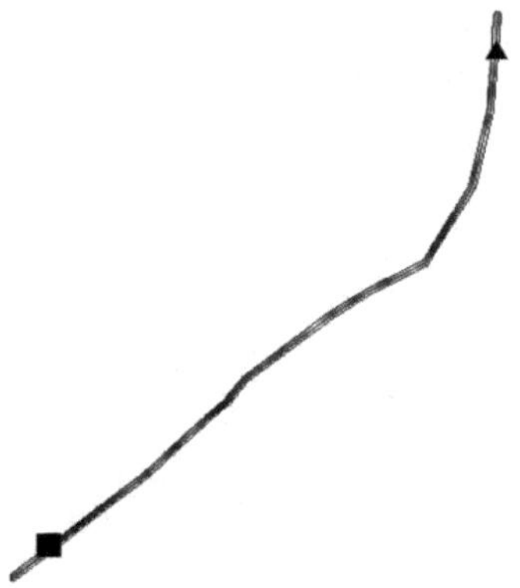

附图 18　设计道路及其坡度、
高程最大值点显示结果图

附图 19　道路填挖方分析结果图